W0196534

Was treibt den großen Mann zu den kleinen Lokomotiven? Den Autor Burkhard Spinnen führt die Recherche für eine Erzählung in ein Spielwarengeschäft; und dort verfällt er – nach dem »klassischen« Fehlstart als Fünfjähriger – mit Haut und Haaren der Modelleisenbahn. Allerdings gerät er durch seine Leidenschaft in etliche Krisen. Und daher schildert er nicht nur seine Begeisterung für die kleine Bahn und ihre großen Vorbilder, die Dampflokomotiven, sondern auch seine mal tragischen, mal komischen Kämpfe mit der Raumnot, seine philosophische Suche nach dem rechten Maßstab und seine Flucht vor der Idylle. Zudem beschreibt er die Höhepunkte des Modellbahnerjahres, und er entwirft das Szenario eines wiedervereinigten deutschen Modellbahnvereins. Mit ganz besonderer Aufmerksamkeit geht er schließlich dem Phänomen nach, daß »die anderen« ausgerechnet für seine Passion bestenfalls Unverständnis hegen – besonders, wenn »die anderen« weiblich sind.

Burkhard Spinnen, geboren 1956, ist Schriftsteller und lebt in Münster. Er ist verheiratet und hat zwei Söhne, die, wenn möglich, ihre eigenen Erfahrungen mit der Modelleisenbahn machen sollen. Von ihm sind bislang erschienen: ›Dicker Mann im Meer‹ (1991), ›Kalte Ente‹ (1994), ›Langer Samstag‹ (1995) und ›Trost und Reserve‹ (1996).

Burkhard Spinnen

Modelleisenbahn

Kleine Philosophie der Passionen

Deutscher Taschenbuch Verlag

Originalausgabe
Dezember 1998
2. Auflage April 1999
© Deutscher Taschenbuch Verlag GmbH & Co. KG, München
Umschlagkonzept: Balk & Brumshagen
Umschlagbild: Alfons Holtgreve
Satz: Design-Typo-Print GmbH, Ismaning
Gesetzt aus der Bodoni Book 12/14 Punkt (QuarkXPress 3.32 Mac)
Druck und Bindung: C. H. Beck'sche Buchdruckerei, Nördlingen
Gedruckt auf säurefreiem, chlorfrei gebleichtem Papier
Printed in Germany · ISBN 3-423-20217-3

Inhalt

Erste Verführung: gescheitert

Eine Leidenschaft mag grund- und endlos sein. Doch in aller Regel hat sie einen Anfang.

Bei mir beginnt es, und da bin ich sicher keine Ausnahme, mit einem Fehlstart. Schon falsch! Es beginnt nicht mit irgendeinem Fehlstart, sondern mit dem klassischen Fehlstart schlechthin. Doch das muß man erzählen.

Es geschieht zu Weihnachten 1961; ich bin gerade fünf Jahre alt. Mein Vater, noch keine vierzig, will seinen einzigen Sohn mit etwas Großem überraschen (und sich selbst einen Jugendtraum erfüllen). In den Wochen vor dem Fest hat er heimlich eine Sperrholzplatte, einsfünfzig lang und achtzig breit, in die kleine Wohnung geschafft, hat darauf ein doppeltes Schienenrund genagelt, hat Bahnhof, Kirche und Siedlungshäuser zusammengeklebt, die freibleibenden Flächen begrünt und das Ganze nach jeder Arbeitssitzung und schließlich bis zum Abend des 24. Dezember unter den Ehebetten versteckt.

Überliefert sind von dem anschließenden Desaster nur ein paar Dias. Darauf steht ein Fünfjähriger in grauer Hose mit Bügelfalte, traditionsgemäß trägt er eine der weißen Kragenecken über dem hellblauen Nicki, eine darunter; er wirkt sehr beeindruckt, geradezu überwältigt. Und er ist völlig verzweifelt! Denn direkt proportional zur Größe des Geschenks ist vom ersten Moment an seine Gewißheit, damit so gut wie gar nichts anfangen zu können. Gut, es gibt, so scheint es ihm, die Möglichkeit, a) einen Güterzug, b) einen Personenzug kreisen zu lassen, c) beide am Bahnhof anzuhalten und gegebenenfalls d) auf den einzigen offenen Güterwagen ein Matchbox-Auto zu verladen, es kreisen zu lassen und wieder abzuladen. Aber diese Möglichkeiten sind am späten Heiligen Abend vollkommen erschöpft, neue fallen ihm einfach nicht ein; und schließlich gibt es beim Versuch, die zwei Züge auf den beiden Schienenkreisen ein Wettrennen veranstalten zu lassen, eine erste (auch familiäre) Entgleisung. Vor dem Schlafengehen werden dann alle beweglichen Teile in Kartons verstaut, und der Vater schiebt die Platte zurück unter die Betten. Am nächsten Morgen wird sie wieder hervorgezogen usw. usw. Kurz vor Neujahr bricht dabei die Kirchturmspitze ab.

Nun kenne ich meine Neigung, im Nachhinein gern ein wenig zu dramatisieren, doch tatsächlich glaube ich, selbst nach 37 Jahren den Schmerz meiner damaligen Niederlage vor dem großen Geschenk noch zu spüren. Denn tatsächlich wurde ich ihm nie auch nur annähernd gerecht. Und darunter litt ich sehr, denn ich wußte ja nur zu gut, was das bedeutet: eine Modelleisenbahn! Das war schon als bloßes Wort so groß und rein, als stammte es aus dem Religionsunterricht. Alle Jungen, besser: alle richtigen Jungs wünschten sich innigst eine Modellbahn, klarer Fall! Und wer das nicht tat, hielt lieber den Mund. Aber was tat einer, der sich keine Modellbahn gewünscht und doch eine bekommen hatte? Einer, den das eintönige Rundherum nur langweilte, für den es hier nichts zu bauen, zu verändern oder wenigstens zu steuern gab? Einer, dem die Faller-Siedlungs-

häuser nur fix und fertig bis in alle Zeiten und deshalb todtraurig um eine Kirche mit schiefem Turm standen? Einer schließlich, auf dessen Platte alles zu allem, aber gar nichts davon in seine eigene Welt paßte?

Natürlich tat ich das Einfachste. Mich und meine Eltern zu schonen, heuchelte ich eine Zeitlang Interesse, dabei vertraute ich, wahrscheinlich unbewußt, darauf, daß meinem Vater die Verstauungen bald lästig würden, und mehr noch auf den Besitztrieb eines jüngeren Cousins, der sich schon am ersten Weihnachtstag nur mit Brachialgewalt hatte von der Platte losreißen lassen. Tatsächlich setzte sich seine erkennbar größere Leidenschaft durch, er erhielt schon bald darauf die ganze Anlage, bespielte sie wild, zerlegte, was zu zerlegen war, und wurde wahrscheinlich auf seine Art und Weise glücklich damit. Ich hingegen, der ich als Modellbahner erst einmal gescheitert war, bekam zum Ausgleich eine Carrera-Bahn, mit der ich beinahe noch unglücklicher wurde als mit der Modellbahn. Doch das ist eine andere Geschichte.

Bevor ich nun zum hiermit sorgfältig vorbereiteten Zeitsprung über 30 Jahre ansetze, noch ein kurzes Erinnern. Es gilt meinem Freund Michael. Dessen Eltern, vermögende Leute, hatten einen großen Bungalow gebaut, und das exorbitant große Wohnzimmer mit der zwei Stufen erhöht liegenden Kaminnische war vorläufig unmöbliert geblieben. In dieses Wohnzimmer nun zog ich gelegentlich im Gefolge meines Freundes, und dort klickten wir Nachmittage lang Berge jener alten, sehr robusten Märklin-Schienen ineinander, die der Freund in mehreren Schüben von älteren Cousins übernommen hatte. Gewaltige Anlagen entstanden so, doch zugegeben, sie entstanden mehr im Kopf als auf dem Parkett; denn über Zweck und Nutzen des Ganzen führten wir derart langwierige (und durchaus nicht immer ganz harmonische) Gespräche, daß es nur in Ausnahmen wirklich zum Betrieb kam. Meist redeten wir uns vielmehr dermaßen angestrengt in die zu errichtenden Bahn-Welten hinein, daß jede Realisation hinter den Phantasien zurückbleiben mußte. Und in der Regel endeten unsere Sitzungen dann auch bloß damit, daß wir eine Brücke hoch zur Kaminnische bauten; nicht so sorgfältig übrigens, um nicht ganz und gar die Möglichkeit auszuschließen, bei der Probefahrt Augenzeugen eines Absturzes werden zu können. Wohlgemerkt: eines Absturzes. Dabei waren es Märklin-Loks der ersten Nachkriegs-Produktion! Noch heute sträuben sich mir in Erinnerung daran die verbliebenen Haare.

Kleines Vorspiel, nachgeschoben

Einen Moment bitte! Gestatten Sie eine Frage. Wovon soll hier eigentlich die Rede sein?

Nun, wie der Titel sagt: von der Modellbahn. Und natürlich von der Leidenschaft dafür.

Ein ziemlich allgemein formuliertes Thema.

Kann man sagen.

Aha. Aber wenn ich nicht irre, sprachen Sie bislang nur von sich selbst.

Das ist richtig.

Mit anderen Worten, Ihre persönliche Leidenschaft dient hier als beispielhafter Fall?

Jetzt weiß ich, worauf Sie hinauswollen!

Und worauf will ich hinaus?

Darauf, daß keines Menschen Leidenschaft der seines Nachbarn gleicht, selbst wenn beider Objekt identisch ist.

Richtig! Sie kennen also das Problem?

Ich kenne es. Man denke sich nur einmal zwei Männer, die in dieselbe Frau verliebt sind. Der eine sieht in ihr, was dem anderen fremd ist; was den einen anzieht, stößt den anderen ab. Nächtelang könnten die beiden von ihr schwärmen, ohne daß einer bemerkte, sie meinen dieselbe Frau. Und am schlimmsten: über die Frau erführe man dabei nichts. Was man hörte, wäre bloß ein blöd-verzücktes Aneinander-vorbei-Reden, bestenfalls langweilig, in der Regel peinlich.

Wie so viele Gespräche über Hobbys und dergleichen.

Sie sagen es.

Und woher nehmen Sie dann bitteschön die Kühnheit, sich selbst zum exemplarisch leidenschaftlichen Modellbahner zu erklären?

Die Kühnheit ziehe ich aus meiner Geschichte.

Erklären Sie das?

Gerne. Sehen Sie, bis heute weiß ich nicht recht zu sagen, was für eine Art von Modellbahner ich eigentlich bin. Denn ohne zu übertreiben: mich kann praktisch alles, was mit kleinen Eisenbahnen zu tun hat, im Handumdrehen in seinen Bann schlagen. Jeder Spielart bin ich flugs verfallen. Eine gefährliche Schwäche! Und ihre Folge ist, daß meine Beziehung zur Modellbahn in den letzten Jahren völlig verschiedene Phasen durchlebt hat; sie ist durch einige äußerst schwere Krisen gegangen, und bis heute ist kaum ein halbwegs entspannter Zustand abzusehen. Offen gesagt, wenn ich nur an die Abertausende von Schienenkreisen in aller Welt denke, die ihren Betreibern seit vielen Jahren dreimal in der Woche eine kleine Stunde ungetrübter Freude schenken, dann sollte ich mich ehrlicherweise einen gescheiterten Modellbahner nennen.

Und dennoch wollen ausgerechnet Sie ein Exempel sein? Das ist doch lächerlich! Ein Versager soll die Zunft vertreten?

Nicht so hastig! Ich bin nämlich der Überzeugung, daß mein Scheitern zu einem Großteil in der Natur der Sache liegt.

Wie bitte?

Nun, ganz ohne Zweifel besitzt die Modellbahn, ich sage einmal: eine »multiple Verführungspotenz«. Das

12

soll heißen, sie weckt ganz unterschiedliche Sehnsüchte – und bietet doch immer, wie jeder geborene Verführer, nur sich selbst als deren Erfüllung an. Was freilich eine enorme Verwirrung des Verführten zur Folge haben kann.

Sollte es nicht um Leidenschaft statt um Verwirrung gehen?

Ich bitte Sie! Gibt es denn das eine ohne das andere? – Aber zugegeben: ich wünschte selbst, ich könnte etwas Systematik ins Chaos meiner Passion bringen. Also etwa sagen, was genau die Sache ist und warum sie es ist; warum sie mich gepackt hat und warum sie mich immer wieder und immer wieder anders packt. Und das alles am besten in zwölf leicht faßlichen Kapiteln, argumentativ so fest aneinander gekuppelt wie die Waggons eines Schnellzuges und gezogen von einer kompakten Theorie mit mannshohen Treibrädern. Das endgültige, das große Buch zum kleinen Zug! Mir ein Gewinn an Gewißheit. Und anderen Trost und Rat.

Na ja.

Sehen Sie! Wen sollte so etwas wirklich interessieren? Eine Gebrauchsanweisung für die Leidenschaft? Außerdem ist das Phänomen bekannt: Jeder Versuch zur Systematisierung der eigenen Passion hat nicht nur etwas unfreiwillig Komisches; darüber hinaus ist er das sicherste Anzeichen dafür, daß der vermeintlich souveräne Ordnungsstifter den Objekten seiner Leidenschaft längst vollkommen verfallen ist. Wer sagt, er kenne sich in seinen Passionen aus, der ist schon verloren! – Übrigens wissen Sie ja, daß es um meinen Glauben an die Kraft der Systematik sowieso nicht gut bestellt ist.

Wovon sprechen Sie jetzt?
Wenn Sie erlauben, von meinem Beruf.
Das müssen Sie erklären.
Nun, ich bin Schriftsteller. Und dazu einer, der die Vermutung hegt, daß nichts sinnvoll und mit einer gewissen Hoffnung aufs Verstandenwerden dargestellt werden kann, das nicht die Form einer Geschichte hat.
Ja, ja: einer traurigen Geschichte. Oder habe ich Sie eben falsch verstanden?
Keineswegs. Tatsächlich interessiert mich als Schriftsteller das Verfehlte meistens mehr als das Gelungene. Und schauen Sie sich um: die Weltliteratur ist doch ein einziges Beispiel dafür, daß aus Glücksfällen und großen Erfolgen wenig zu lernen und daß es hingegen viel lohnender ist, sich mit den exemplarischen Scheiternsgeschichten zu befassen. Welcher gute Roman nimmt denn wirklich ein gutes Ende?
So so! Sie wollen sich also durch den gelungenen Nachweis des Scheiterns vor der Modellbahn wenigstens zum exemplarischen Helden erklären?
Seien Sie nicht zynisch! Entgegen einer leider sehr verbreiteten Auffassung begrüßt niemand, der schreibt, seine privaten Katastrophen, bloß weil sich daraus Stoff für die Literatur ziehen ließe. Vielmehr wünschen sich Schriftstellerinnen und Schriftsteller im gleichen Maße wie die gesamte Bevölkerung möglichst viel Glück, die große Liebe, Gesundheit, Weltruhm, sehr viel Geld und, zum Beispiel: imposante, technisch ausgeklügelte Modellbahnanlagen.
Ich bitte um Entschuldigung.
Schon vergessen. Außerdem haben Sie ja auch recht.

14

Denn immerhin hat der Autor, der ein Scheitern dummerweise diesseits der eigenen Wohnungstür erlebt, die Chance, davon zu berichten. Sei es aus purer Lust am Bekenntnis, sei es in der Hoffnung, er könne dabei die Energie entwickeln, dem Privatdesaster doch einen gewissen Zug ins Allgemeine zu geben. Letzteres jedenfalls will ich im Folgenden versuchen.

Und wie?

Wie gesagt, als Geschichte. Ich will versuchen, zwischen den Hins und Hers meiner Leidenschaft für die Modellbahn, zwischen ihren Aufs und Abs und Fürs und Widers den roten Faden einer Geschichte zu finden. Quasi aus der alten Hoffnung, daß eine Geschichte, richtig erzählt, quasi nebenbei und leichthin einen Sinn abwirft, auf den viel Grübelei und Systematik nicht gestoßen wären.

Hm.

Gut, bisweilen werde ich bei der Suche nach dem roten Faden ein wenig abschweifen müssen. Und nie werde ich endgültig den Wunsch aufgeben können, einmal ganz knapp und ganz richtig und ganz überzeugend zu sagen, was genau meine Leidenschaft ausmacht. Für solche Passagen bitte ich hiermit im vorhinein um Nachsicht.

Gewährt. – Also bitte: fangen Sie an!

Danke.

Zweite Verführung: geglückt

Jetzt also endlich, unter Vernachlässigung von diesem und jenem, was sich dazwischen noch alles zutrug, der große Zeitsprung vom Jahr 1961 ins Jahr 1990. Nur soviel zur Situation: Ich war zu dieser Zeit seit einigen Monaten wissenschaftlicher Assistent an einer Universität. Das klingt nach dem Beginn eines einigermaßen sicheren Lebenswegs. Allerdings versuchte ich zugleich ein letztes Mal (in den sogenannten Mußestunden, die alles mögliche enthalten, nur keine Muße), Schriftsteller zu werden. Nachdem die Veröffentlichung meines ersten abgeschlossenen Romans im Sommer des Vorjahres an einer Verlagspleite gescheitert war, arbeitete ich nun an einem Band mit Erzählungen.

Im Frühjahr 1990 begann ich, eine Geschichte zu schreiben, die ›Die Modellbahn‹ heißen sollte. Darin erbt ein junges Paar von einem alleinstehenden Onkel ein Siedlungshaus; doch dessen erste Etage ist völlig zugebaut mit einer riesigen, alle Wände durchbrechenden Modellbahn, in deren Schienenrund sich katastrophale Szenen, Unfälle, Anschläge und Verbrechen abspielen. Ich bin mir nun einigermaßen sicher, mich zu diesem Zeitpunkt noch immer nicht wirklich für Modelleisenbahnen interessiert zu haben. In meiner Geschichte sollte die gigantische und abgründige Modellbahn des Erbonkels bloß als ein sehr doppeldeutiges Ding fungieren; eben noch hat sie dem Verstorbenen die ganze, schlimme Welt bedeutet, nun droht sie als sperri-

ge Masse aus Holz und Pappe seinen Nachkommen das Leben unmöglich zu machen. Es ging mir nicht um Schienen und Weichen und Loks und Häuser und Berge; es ging mir darum, einem jungen Paar den Umgang mit den Resten einer Existenz zuzumuten.

Die erste Fassung der Geschichte wurde ziemlich rasch fertig. Probleme mit stofflichen Details gab es vorerst nicht; auch wenn man keine hat, weiß man ja, wie eine Modellbahn aussieht. Und schließlich kam es bei der Anlage des Onkels ja nicht auf technische Korrektheiten an, sondern darauf, was sie über die zurückgezogene und katastrophenverliebte Existenz ihres Erbauers verriet. Also kein Problem für den Autor.

Oder etwa doch? Immerhin hatte ich es bislang stets vermieden, auf der stofflichen Oberfläche meiner Geschichten erkennbar zu patzen. Die äußeren Fakten, so mein Credo, müssen stimmen. *2 und 2 gibt 5* zu sagen, ist noch keine poetische Leistung.

Und so kam es zu einem Schritt, der Folgen haben sollte. Ich betrat nämlich ein Spielwarengeschäft, genauer: die Modellbahnabteilung, und dort kaufte ich einige Kataloge und Zeitschriften. Wieder zu Hause, bei der anfangs noch ganz kaltherzigen Lektüre, erfuhr ich dann zum Beispiel, daß ich, wenn ich von einer populären Schlepptenderlokomotive sprechen will, nur *P 8* zu sagen brauche – und jeder Kenner weiß Bescheid. Oder daß es nicht ganz aus der Luft gegriffen ist, wenn ich den Wert einer alten Märklin-Lok mit 5000 DM angebe. Ich konnte mich überdies davon überzeugen, daß die Faller-Häuser immer noch so aussahen, wie ich sie aus der Erinnerung beschrieben hatte. Und ich durfte mich ein bißchen darüber wundern, daß neben den Fachwerkklassikern unlängst auch die Abbruchhäuser und die Bombenruinen der Nachkriegszeit im Maßstab 1:87 in den Handel gekommen waren. Überhaupt, so lautete das Resümee meiner ersten Lektüre, lieferte das momentane Sortiment durchaus noch weitere Details für meine Geschichte. Da gab es kleine Kapellen, aus denen Glockenläuten vom Band kam, da gab es Schattenbahnhöfe (welch ein Wort!), da gab es den winzigen Maler vor der Staffelei und sein winziges Aktmodell mit den etwas zu groß geratenen Brustwarzen. Und während ich daraufhin die Anlage des Onkels mit solchen Dingen aufrüstete, befiel mich der Ehrgeiz, gar nichts an Schrecklichem dort unterzubringen, für das ich nicht eine Vorlage in Katalogen oder Zeitschriften fand. Die Katastrophen-Sehnsucht des Onkels sollte, dies war gewissermaßen meine Arbeitsmaxime geworden, definitiv alle ihre Ausstattungsstücke aus dem tatsächlichen Fundus der zeitgenössischen Modellbahnwelt bezogen haben.

So kam es zu gezielterer Recherche und zu weiteren Besuchen in der Modellbahnabteilung, später dann in einem Spezialgeschäft. Einer dieser Besuche, daran erinnere ich mich genau, fiel in den späten April. Gerade hatte sich eine Ahnung zur Gewißheit verwandelt: Meine Frau war mit unserem ersten Kind schwanger. Und wie ich nun inmitten der bunten Packungen und der Modell-Vitrinen stand, da trat urplötzlich, deutlich zu erkennen, der zuständige Dämon neben mich. Etwas kumpelhaft legte er mir einen Arm um die Schultern, mit dem anderen wies er in die Runde. »Das

alles«, flüsterte er mir dazu ins Ohr, »kannst du dir jetzt kaufen.«

»Was soll das heißen?« antwortete ich. »Gibst du mir etwa Geld?«

Der Dämon winkte ab. »Geld mußt du dir selbst beschaffen.«

»Also was meinst du?« wollte ich wissen.

»Nun«, sagte er, »denk doch mal nach! Das kann ja nicht so schwer sein.«

Da durchfuhr es mich! »Du meinst«, sagte ich, »ich könnte mir das alles hier kaufen und gegen jedermann so tun, als wäre es für meinen Sohn oder meine Tochter?«

Der Dämon nickte nur.

»Ich könnte mir eine Eisenbahn kaufen, Loks und Wagen, sie vor mir aufbauen, sie betrachten, selbstsüchtig und verliebt ins Detail, und dabei nach außen mit Erfolg den guten Vater spielen? Meinst du das?«

Der Dämon grinste.

»Dämon!« rief ich da. Und mit einer heftigen Bewegung stieß ich ihn von mir. »Aber wozu?« Nun lag Triumph in meiner Stimme. »Ich interessiere mich doch gar nicht für Modellbahnen. Ich bin hier, um zu recherchieren. Ich bin ein seriöser Autor, der die Welthaltigkeit seiner Literatur überprüft. Jedenfalls will ich einer sein. Und ansonsten brauche ich keine Modellbahn!«

»So?« sagte der Dämon. »Das glaubst du also?« Wie von ungefähr balancierte er plötzlich eine Schnellzug-Lokomotive vom Typ S 10 auf der Handkante. Und als er mit seinem kleinen Finger ihren Stromabnehmer berührte, da drehten sich die Räder, die filigranen Treib- und Kuppelstangen bewegten sich wie die Arme eines

Marathonläufers, und aus dem Schornstein kam wunderbar weißer Rauch. »Schön, nicht wahr?« sagte der Dämon. »Das muß man doch zugeben.«

»Nein«, sagte ich heiser, »das muß man keineswegs!« – und dabei wußte ich schon, daß ich log. Denn es hatte mich gepackt. Und zwar mit aller Macht! Allerdings ahnte ich damals nicht, was mir diese taufrische Leidenschaft noch bescheren sollte; und am wenigsten, daß ich einmal ein Buch darüber schreiben würde.

Übrigens, es wurde ein Junge.

Die Welt auf der Platte

Und es wurde, das war ja auch zu erwarten, wieder eine Platte. Offenbar hatte ich den frühen Schock nun ganz überwunden; denn obwohl meine erste Anlage eine Inkarnation der Langeweile gewesen war, begann ich zu Beginn meiner Modellbahn-Leidenschaft umgehend damit, wieder einen stabilen Grund zu legen, auf dem zu fahren sei.

Aber wehe! Manchmal bin ich versucht zu glauben, das schlimme Kindheitserlebnis habe doch (und so psychologisch genau wie in den Hollywood-Filmen) meine Gegenwart beeinträchtigt. Denn der Bau meiner ersten eigenen Platte war eine Serie von Niederlagen und Desastern. Oder besser: er war die erste, sehr traurige Station in meiner nicht ganz glücklichen Geschichte als Modellbahner.

Womöglich rührte meine erste Niederlage auch daher, daß ich damals nur eine der vielen Spielarten des Anlagenbaus kannte. Und zwar den entspannt-unproblematisch-spielerischen Anlagenbau. Ich glaubte nämlich, es sei möglich, die Sache ganz heiter und unverkrampft anzugehen, sprich: ein paar Häuschen zu bauen, ein paar Schienen zu verlegen, ein paar Züge darauf fahren zu lassen und sich an all dem herzlich zu freuen. Also kaufte ich Häuser, Schienen und Züge, baute, verlegte und gleiste auf – und bemerkte, daß sich alles mögliche einstellte, bloß keine Freude. Schon nach kurzer Zeit war ich mir sicher, daß es den entspannt-unproblematisch-spielerischen Anlagenbau überhaupt nicht gibt.

Dabei ließen sich die ersten Probleme noch mit allerlei Ach und Krach bewältigen. Um einen Zug im Maßstab 1:87 heiter und entspannt vor reizvoller Kulisse an sich vorbeifahren zu sehen, braucht man kompatibles Rollmaterial, solides Werkzeug, gewisse Grundkenntnisse in Elektrik, einen intelligenten Plan und ziemlich viel Platz. Meine ersten Loks und Wagen paßten hingegen nicht recht zusammen; also studierte ich die Kataloge und kaufte andere. Mein Werkzeug erwies sich als ungeeignet und schlecht; ich besorgte besseres. An meinen Grundkenntnissen in Elektrik haperte es überall, aber irgendwann hatte ich den Bogen heraus und verwechselte nicht mehr dauernd die Pole.

Doch damit Ende der Erfolgsmeldungen. Denn meine Gleispläne konnten so intelligent sein wie sie wollten, keiner trog darüber hinweg, daß ich wenig Platz hatte. Viel zu wenig Platz! Und so kam die Sache ins Stocken. Zur Hälfte meiner ersten Platten-Phase, also nach ein paar Monaten, machte mein Arbeitszimmer seinem Namen eine in dieser Art unerwartete und schwierige Ehre. In seiner Mitte, alle Wege unerfreulich blockierend, stand eine schwere, schon leicht durchhängende Tischlerplatte auf zwei klappbaren Böcken. Auf der Platte wiederum lag ein Haufen aus Schienen und Weichen, von denen jede schon etliche Male mit jeder anderen zusammengesteckt hatte, ohne daß dabei etwas anderes herausgekommen wäre als ein Ausleiern ihrer Anschlußstücke und ein Verzweifeln des Zusammensteckers. Denn was immer ich mir auf meiner Platte

22

auslegte und probefuhr, es konnte doch nicht darüber hinwegtäuschen, daß es nichts anderes als ein *Kreis* mit sehr, sehr engem Radius war, sprich: etwas, das in der Eisenbahnwirklichkeit nicht vorkommt, weil es völlig sinnlos wäre.

Doch wie, so rätselte ich stundenlang, wenn nicht auf einem engen Schienenkreis könnte ich bei meinen beengten Platzverhältnissen einen halbwegs anständigen Zug länger als ein paar Sekunden fahren lassen? Wie sonst sollte ich, die Augen knapp über der Platte, das Ankommen, Vorbeifahren und Verschwinden fasziniert verfolgen? Oder wie mich gar zurücklehnen und, die Hand nicht mehr am Trafo, aus der Vogelperspektive die Fahrt verfolgen? Dutzende Male hatte ich es ausgemessen: mehr als zwei Meter zwanzig durfte, was immer ich bauen wollte, nicht lang oder breit sein, um überhaupt in meinem Zimmer stehen zu können. Zwei Meter zwanzig aber sind im Maßstab H0 etwa 190 Meter, und die legt selbst eine Lokalbahn-Lokomotive von 1890 bei vorbildgerechten 30 km/h in ca. 23 Sekunden zurück. Meine S 10 brauchte bei 110–120 km/h sogar nur etwas mehr als 5 Sekunden; rechnete man jedoch ein, daß sie zusammen mit einem Schnellzug(chen) von sieben Waggons bereits mehr als die Hälfte der Zweizwanzig beanspruchte, so ließ sie sich auf dem verbleibenden Platz, rein theoretisch und unter Vernachlässigung der Beschleunigungsphase, nur knapp 2 Sekunden lang vorbildgerecht in Betrieb setzen! – Nein, selbst wenn ich Abschied nähme von allen S 10 und allen Rheingolds und Orient-Expressen, in den Schienenkreis mußte ich offenbar beißen.

Doch damit ergab sich noch lange nicht alles andere von selbst. Schon der Anbau so simpler Verzweigungen wie eines Überhol- oder eines Abstellgleises wurde mir auf meiner Platte zum Problem. Und erst recht gestaltete sich die Anlage eines kleinen Bahnhofes mit gemischtem Verkehr zum Beispiel dafür, wie furios man auch an vermeintlich simplen Aufgaben scheitern kann. Dabei ging es in meinem Fall nicht einmal mehr um die unter Modellbahnern so hoch geschätzte Vorbildtreue. Die Frage, ob das, was ich (häufig morgens beim Frühstück auf dem Rand der Zeitung) entwarf, in der Wirklichkeit wirklich so war, rückte bald ganz in den Hintergrund. Vielmehr galt die Kernfrage dem nackten Gelingen: Geht das so? Oder fehlt dafür nicht doch wieder der Platz? Und nach stundenlangem Aufbau lautete die Antwort in der Regel: Nein! Bzw. Ja!

War dann schließlich doch einmal, und mit großer Mühe, etwas zu Ende aufgebaut, so erwies es sich als weitgehend unbespielbar. Anderswo hatte ich elegantes Rangieren auf komplizierten Gleisanlagen beobachtet, doch auf meiner viel zu kleinen Platte gerieten die Züge schon bei einfachen Manövern dauernd ins Abseits oder ins Schachmatt. Nach kurzem Hin und Her war dann die kleine Rangierlok zwischen Waggons eingekeilt und konnte nicht mehr vor und zurück; oder es war der Güterzug in eine Sackgasse ohne Wendemöglichkeit geraten, und während die Lokomotive den Prellbock anglotzte, standen die letzten Waggons noch auf der Hauptstrecke, sprich: dem heranrasenden Schnellzug im Weg.

So mußte ich einsehen, wie wenig Ahnung ich von der Eisenbahn hatte! Ich war nun einmal Autofahrer durch

und durch, gewohnt daran, überall abbiegen und wenden oder notfalls sogar querfeldein ausbrechen zu können. Ein Autobahnkreuz hätte ich ohne großes Nachdenken aus der Hand zeichnen können. Doch jeder neue Versuch, in Schienen und Weichen zu denken, machte mir schmerzlich klar, daß mir selbst für den Plan des allerkleinsten Provinzbahnhöfchens in gleichem Maße der Platz wie der Eisenbahn-Verstand fehlten.

Und noch mehr der Schwierigkeiten! Wenn es schon ein (vorbildwidriger) Schienenkreis mit (dramatisch eingeschränkten) Nebenfunktionen sein mußte, wie sollte dann dessen Inneres aussehen? Etwa gar nicht? Also gewissermaßen (so würde es ein Werbetexter formulieren) *Eisenbahn pur,* die Schienen und Weichen auf einem Untergrund von Preßspan, dekoriert mit Kaffeeflecken und den Wasserringen abgestellter Bierflaschen? Nein, bewahre! Natürlich mußte Angemesseneres her. Aber was war angemessen? Im wirklichen Leben durchkreuzt und verbindet die Eisenbahn Städte und Dörfer und Industriegebiete so gut wie Felder und Wälder. Schlechthin gar nichts gibt es, das nicht in der Nähe von Schienen Platz hätte. Genau so dachte ich anfangs. Doch aus dieser noch ziemlich richtigen Erkenntnis erwuchs mir fatalerweise der Wunsch, gleich alles und jedes auf meine Platte zu stellen.

Entsprechend sah bereits mein ehemaliger Schreibtisch aus. Dort lagen: ein halbes Dutzend alte Stadthäuser, eines von Hausbesetzern bewohnt, zwei frisch renoviert und eines mit Sex-Shop; zwei größere Fabriken, dank Schnapptechnik rasch zusammengesetzt; ein

Tanklager; ein Bauernhof, sehr hübsch und mit Pferden; ein paar Siedlungshäuser und, zum Aussuchen: zwei Bahnhöfe. Immer nun, wenn ich es müde war, mich über das Scheitern meiner Schienenpläne zu ärgern, trug ich dieses Sortiment zur Platte, stellte es auf und ließ es rochieren.

Eine ruhig strömende Quelle weiterer Frustrationen. Denn die vielen hübschen Gebäude verdeckten zwar gnädig den zirkulären Irrsinn des Schienenkreises, doch wie immer ich sie auch arrangierte, stets sah das Ganze aus, als hätte ein Städteplaner nach den Zeichnungen eines fünfjährigen Kindes gebaut. In strahlend frischem Plastikglanz und eng, sehr eng aneinander gedrückt, schien sich eines über das andere lustig zu machen und alles zusammen über mich. Statt zur stimmungsvollen Kulisse für meine (manisch) kreisenden Züge geriet mir meine Ausstattung zum Ärgernis. Doch das Schlimmste war: als ich einmal versuchte, nur den Bahnhof und ein paar Siedlungshäuser mit viel Abstand voneinander inmitten des Schienenrunds zu gruppieren, da sah das Ganze schockierenderweise meiner 61er Weihnachtsanlage zum Verwechseln ähnlich!

In meiner Gestaltungsnot suchte ich endlich Rat beim Fachhändler. Und dort lernte ich die erstaunliche Welt der Fertiganlagen kennen. Denn offenbar war ich nicht der einzige, den die Gleis- und Stadtplanerei überforderte. Ein ganzer Industriezweig war dieser Überforderung begegnet, und seine Produkte versprachen auch dem Abhilfe, der wie ich nur knapp zwei Quadratmeter erübrigen konnte. Aber um welchen Preis!

Fertiganlagen sind, technisch betrachtet, dreidimen-

sional geformte und unterschiedlich eingefärbte Kunst-
stoffplatten. Auf ihnen sind alle Bahntrassen vorgege-
ben; darüber hinaus sind auf engstem Raume Flußläufe,
Küstenstriche und Gebirge realisiert. Man montiert solche Platten auf stabile Halterungen, kauft nach beilie-
gendem Materialplan Schienen und Weichen – und der
Spaß fängt an. Natürlich geht es dabei hemmungslos im
Kreis herum! Nur ein wenig getarnt durch Berge und
Tunnel, sind auf den Fertiganlagen so viele Gleismeter
wie eben möglich eingeplant und das dergestalt, daß es
keinen Anfang und kein Ende gibt. Sehr wenig Raum
bleibt inmitten der Kreise, Achten und Spiralen; dorthin
gehören der Bahnhof, das Städtchen aus drei Häusern,
der Bergbauernhof und die Burgruine. Meistens kommt
übrigens von irgendwo her noch eine Straße und führt
irgendwo hin. Das heißt, sie führt zur Nachbarplatte,
denn viele Fertiganlagen sind nach einem Baukasten-
prinzip konstruiert; sprich, an den Rand des Modells
Bergstadt schließt der Rand des Modells *Neuenhaven*
bündig an. Mit allerhöchstens drei aneinandergekoppel-
ten Fertiggeländen überbrückt man so die Distanz vom
Hochalpenland zum Meeresstrand.

Ich war, offen gestanden, ein wenig erschüttert. Was
mein Vater 1961 und ich dreißig Jahre später aus
Raumnot und, wie ich jetzt zugeben mußte, wohl auch
aus einer gewissen gestalterischen Hilflosigkeit heraus
gebaut hatten, war mittlerweile ästhetischer Industrie-
standard. Die schlichtesten Kompaktwelten ließen sich
längst bequem nach Hause tragen. Und wie der Händler
mir auf Nachfrage versicherte, war die Serienherstellung
solcher Mini-Universen sogar ein florierendes Geschäft.

Ein Geschäft allerdings, zu dem ich nicht beitrug. Ich verließ den Laden; und meine Leidenschaft für die Modellbahn geriet in ihre erste ganz große Krise. Vielleicht lag es an dem Schock, den ich angesichts der Fertiganlagen erlitten hatte? Ich weiß es nicht genau. Jedenfalls verfiel damals meine eigene Anlage, bevor es überhaupt einmal richtigen Betrieb auf ihr gegeben hatte. Und ich verfiel der Grübelei. Besonders abends, vor dem Einschlafen dachte ich darüber nach, woher Tausende von Fertiganlagen-Betreibern wohl die innere Kraft nehmen, mit Gewinn für Gemüt und Seele vor einer so ganz naiven Nußschalenwelt zu sitzen und die Züge darauf nach ihrem Schwanz jagen zu sehen? Wieviel Kind (und welche Art von Kind) muß in dem Manne stecken, der bei diesem Anblick etwas anderes als existentielle Trauer empfindet? Entweder, so lautete schließlich das Resümee meiner Grübelei, die Betreffenden sind verrückt. Oder ich habe noch immer keine Ahnung von der Sache!

In den folgenden Wochen machte ich die zweite Variante zu meiner Arbeitshypothese. Ich schob, so gut es ging, meine Platte hinter ein Bücherregal. Und ich beschloß, keine einzige Schiene mehr darauf zu legen, bevor ich nicht ein wenig tiefer in die Kulturgeschichte und die Philosophie der Modellbahn eingedrungen sein würde. Statt also weiter frustriert zu tüfteln, legte ich mich auf dem theoretischen Feld mit meiner noch so jungen Leidenschaft an, sprich: ich abonnierte alle Modellbahnzeitschriften, kaufte diverse Kataloge und las einige Bücher.

Nun will ich ja, wie versprochen, im Zuge meiner

Geschichte nicht allzu sehr ins Dozieren fallen. Aber etwas von dem, was ich damals erfuhr (und was ich daraus schloß), möchte ich doch mitteilen; denn es gab ja immerhin den Ausschlag dafür, daß ich mir schließlich schwor, nie wieder eine Platte aufzubauen!

Das wichtigste Ergebnis meiner Studien stelle ich voran: Wenn man den landläufigen Schienenkreis nicht vorbildwidrig und unerträglich finden will, dann muß man ihn als ein ganz und gar positives *Symbol* verstehen. Und das ist ganz im Gegensatz zu mir den allermeisten Modellbahnern in den letzten 60 Jahren (im Doppelsinne) spielend gelungen. Sie betrachten, so denke ich, die Eisenbahn auf ihren Platten weniger als das verkleinerte Modell eines zweckdienlichen Verkehrsmittels und vielmehr (mag sein unbewußt) als General-Zeichen für ein bestimmtes Verständnis von Technik und für eine bestimmte Haltung zu ihr.

Es ist in diesem Zusammenhang gut zu wissen, daß die Modellbahnerei, wie sie heute die meisten kennen, nichts schlechthin Naturgegebenes ist. Um die Jahrhundertwende auf den Markt gekommen, waren die Modellbahnen zunächst über 30 Jahre lang alles andere als volkstümliche Spielzeuge. Sie waren hingegen sehr teuer, und sie waren viel zu groß, als daß man sie auf einer Tischplatte hätte kreisen lassen können. Ihr angestammtes Terrain war damals noch der Fußboden, bzw. die große Kiste, in der sie während der Sommermonate auf dem Speicher einstaubten. Erst in den dreißiger Jahren verkleinerten sich die handelsüblichen Modellbahnen auf die heute gängige Größe. Es heißt, dies sei auf Verordnung der Machthaber geschehen, um kriegswichtige Materialien einzusparen; aber natürlich spekulierte die Industrie auch auf weniger Vermögende und beengter Wohnende als potentielle Käufer. Diese Spekulation ging auf; und gleich geriet ein Nebeneffekt zur Hauptattraktion. Denn nun hieß Eisenbahn-Spielen nicht mehr, mit Erlaubnis der Eltern oder der Ehefrau gelegentlich große Züge durch das Wohnzimmer fahren zu lassen. Man konnte statt dessen die Schienen fest auf Platten montieren und fertige Anlagen in ständiger Bereitschaft halten, nötigenfalls hochkant hinter den Schlafzimmerschrank oder flach unter die Ehebetten geschoben. Was, wie man heute sagen würde, den Spielwert beträchtlich steigerte.

Doch darüber hinaus zog mit dem Maßstab H0 ein neues und, wie ich denke, eminent zeitgemäßes Welt-Symbol in Tausende von Wohnstuben ein. Denn die Platte stimulierte dazu, die dauerhaft griffbereite Simulation einer im Grunde unsinnigen, aber faszinierenden, weil schier endlosen und unaufhaltsamen Bewegung herzustellen! Und die paßte zur Epoche. In den dreißiger Jahren schwand die Begeisterung für die pionierhaften Ingenieurleistungen des 19. Jahrhunderts, jene Leistungen, die man bei der Planung einer besonders schwierigen Trasse von der Küche durch den Flur ins Kinderzimmer nachvollziehen konnte. Nein, die langsam voranschreitende und dabei viele Schwierigkeiten überwindende Bewegung von A nach B war nicht mehr das aktuelle Faszinosum. Vielmehr begeisterte jetzt die Bewegung als *Selbstzweck*. Und indem die Modellbahn auf der Platte das rasch und permanent Bewegte darstellte, schlug sie sofort Tausende von Zeitgenossen in ihren Bann.

Ein Blick in die Kulturgeschichte zeigt, aus welchen Phänomenen sich diese Begeisterung für die ungebremste Bewegung in den dreißiger Jahren speisen kann. Der Sport, die Fliegerei, die bewegten Bilder des Films und der (noch weitgehend staufreie) Automobilverkehr sind die Signaturen der Epoche. Der Zweite Weltkrieg zehrt als Bewegungskrieg von dieser Begeisterung; er pervertiert sie zwar zum Vernichtungsrausch, doch er kann sie nicht erschöpfen. Über Tod und Zerstörung hinweg erhält sich die Faszination für das unaufhaltsam Bewegte; und was in den dreißiger Jahren entstand, aufersteht, kaum gewandelt, nach 1945 aus Ruinen.

Darunter auch die Modellbahn auf der Platte. Und während draußen in der Welt insbesondere das Auto und die Autobahn es übernehmen, das zeitgenössische Sinnbild für das Ungebremste und das Immerweiter der modernen Technik abzugeben, entstehen in den Kellern und auf den Speichern der Nachkriegsrepubliken Abertausende von Modellbahn-Anlagen als die Orte einer *magischen Vereinigung*. Denn auf den Platten verbindet sich der Kreis, das archaische Unendlichkeitssymbol, mit der Eisenbahn, dem noch immer stärksten Symbol bewegter und bewegender Technik.

So betrachtet, kann es nun auch gar nicht verwundern, daß im Inneren dieses magischen Schienen-Kreises neben Zufälligem und Privatem immer wieder eins entstand und entsteht: die Darstellung oder besser die Beschwörung eines innigst erwünschten Lebens *inmitten* von Technik. Bodo-Michael Baumunk, Architekt und einer der wenigen ernsthaften Modellbahn-Theoretiker, hat schon in den frühesten Ausstattungs-

Sortimenten »fünf Urtypen« modellbahngerechten Zubehörs ausgemacht: der Bahnhof repräsentiert das Eisenbahnleben, das Siedlungshaus das Privatleben, die Kirche steht für alles Öffentliche, Tunnel und Baum vertreten die beherrschte Natur, und die Burgruine auf dem Berg erinnert an die Geschichte. *Realistisch* ist es also nicht, wenn auf Tausenden von Anlagen die Schnellzüge mit Höchstgeschwindigkeit ihre engen Kreise um Fachwerkhäuser und Sägewerke, um Bergdörfer und Wiesen, um Schloßruinen und Gnadenkapellen schlagen. Realistisch betrachtet, ist das beinahe schon Nonsens. Doch die Durchschnittsanlage der Nachkriegsjahrzehnte will gar nicht realistisch sein, sie liefert ihrem Erbauer vielmehr den symbolischen Entwurf einer Welt, in der moderne Technik und schlichte, althergebrachte Lebensformen, genauer: in der *endlose Bewegung* und *stillgestelltes Leben* miteinander versöhnt sind.

So, als Utopie eines erwünschten Lebens und nicht als Nachbildung einer Wirklichkeit, ist die klassische Plattenanlage gut zu ertragen. Und mehr noch. Sie spendet Trost. Auf ihr ist die Erde noch (oder wieder) wie im ptolemäischen Weltbild eine übersichtliche Scheibe mit Mitte und Rand. Die still verträumten Welten auf dieser Scheibe sind sicher umschlossen vom stählernen Band der Technik. Und derart vor allem Unbekannten geschützt, besitzen sie, was die moderne Welt – zumindest im Bewußtsein derer, die die kopernikanische Wende verinnerlicht haben – nicht oder nicht mehr besitzt: klare Positionen. Während draußen alles im Fluß und nichts Ganzes zu erkennen ist, sind Außen und Innen,

Nicht viel besser kam ich indessen weg, wenn ein einzelner Gast sich in die Details vertiefte. Beispiele für diese Spielart der Beleidigung: »Wer wohnt denn in dem kleinen Häuschen?« (Es handelt sich um eine Telefonzelle.) »Und womit macht ihr euch jetzt die Zähne sauber?« (Telegrafenmasten aus Zahnstochern.) »Am tollsten finde ich es von unten.« (Wo die provisorisch verlegten Kabel durcheinander hängen!) –

Woher nun diese offene Aversion, oder vielleicht: woher diese Be- und Verklemmungen, die sich erstaunlicherweise sehr oft in Frechheiten Luft machen? Solches Verhalten angesichts des Hobbys anderer ist doch nicht die Regel. Wie oft habe zum Beispiel *ich* schon neben der Leidenschaft eines Bekannten gestanden und dabei durchaus die Umgangsformen gewahrt. Pferde etwa halte ich für ausgesprochen dumme, stark riechende Tiere, doch im Beisein eines passionierten Reiters würde ich diese Auffassung verschweigen. Oder: das Auto ist meiner Meinung nach bestenfalls ein notwendiges Übel, doch vor der neuen Wunsch-Limousine des Bekannten kann ich diese Überzeugung zumindest eine Zeitlang gut unterdrücken.

Und das tue ich nicht allein aus bloßer Höflichkeit. Sondern in dem vielleicht naiven Glauben, daß einer, wenn er gerade von seinem noch so spinnerigen Hobby schwärmt, mehr bei sich selbst ist als während der Stunden, in denen er von seinem Schreibtisch aus ein weltumspannendes Unternehmen dirigiert oder von seinem Katheder herab schwere Sätze sagt. Und selbst wenn der, der mir am Herzen liegt, mich nicht im Handumdrehen für seine Herzensangelegenheiten begeistern kann, so erfahre ich doch von ihm und über ihn am meisten, wenn er mir zeigt, was seine nicht-offizielle Seite ist.

Doch vom Modellbahner scheint niemand wissen zu wollen, was ihn bewegt. Liegt es vielleicht daran, daß bei allem Enthusiasmus und bei aller Weltverbundenheit des Gegenstandes die Modellbahnerei einen zutiefst traurigen Kern besitzt? So wie – ja, ich weiß, ich begebe mich jetzt auf Glatteis – so wie die *Kunst*? Es ist ja eine ziemlich verbreitete und wahrscheinlich auch ganz richtige Vermutung, daß noch das heiterste Gemälde, das lebhafteste Musikstück und die lustigste Geschichte ihre Entstehung einem, ich formuliere ganz vorsichtig: Gefühl des Ungenügens verdanken. Nun muß nicht jeder Künstler gleich ein tragisches Genie sein. Doch aus schierer Freude an der Welt wird wohl nicht gemalt und komponiert und geschrieben; und wenn das getan wird, dann verbreiten Bild und Lied und Text wohl eher Betretenheit als Freude.

Möglicherweise liegt hier die Antwort auf die Frage nach dem Grund für die mokante Haltung derer, die vor der Modellbahn ihres Bekannten stehen. Denn vielleicht ist jeder Modellbahnanlage im ganzen und ebenso allen ihren Teilen anzusehen, wie nahe ihre Ansprüche und Absichten an denen der Kunst sind – und wie wenig sie eingelöst und verwirklicht wurden. Immer wird doch mit viel Absicht und Aufwand eine Welt oder ein Stück Welt nachgebildet oder entworfen; doch nur ganz selten entsteht dabei etwas Selbständiges und Ausdrucksstarkes. Vieles ist hingegen, und auch für den Laien nur zu gut erkennbar, bloß abgeguckt oder selbstgefällig. Kommt

also einer vom Heckenschneiden aus seinem Mustergarten oder zeigt er das selbstgezimmerte Allzweckregal, so kann man es auf sich beruhen lassen. Denn der Zweck heiligt Taten und Werke, und die bleiben in diesem Falle Gott sei Dank stumm. Sollen sie also nur stolz und zufrieden sein, der Mustergärtner und der Hobbyschreiner, was geht's uns, die Betrachter, an. Hauptsache, der Mensch ist glücklich!

Aber der Modellbahner behelligt, ob er will oder nicht, immer mit einer Absicht, mit einem *Werk* im großen Sinne. Die Sache soll etwas *sagen*. Sie soll Wünsche und Träume ausdrücken. Man kann als Betrachter vor diesem Werk gar nicht umhin zu ahnen, was sein Schöpfer sich alles dabei gedacht und was er alles gewollt hat. Da tummeln sich ja lauter vertraute Weltdinge in maßstäblicher Verkleinerung; alles sagt genau, was es sein soll. Aber gleichzeitig ist so vieles ganz erkennbar von der Stange gekauft; auf engstem Raume drängeln sich die Klischees. Und gleich auf den ersten Blick wird schmerzhaft deutlich, wie wenig das Arrangement die Absichten seines Schöpfers realisiert. Der hat, so glaubt er, eine Welt gebaut – doch der Betrachter sieht bloß Gips, Schaumstoffflocken und Faller-Häuser.

Kein Wunder also, daß es dem Modellbahner vor seinem Publikum ergeht wie dem mittelmäßigen (und in seinem Mittelmaß glücklich befangenen) Künstler vor der Kritik. Stellvertretend für manches andere, meist viel teurer bezahlte Mißlingen, vor dem der Kritiker aus Mitgefühl schweigt, bekommen er und sein Werk die Höchststrafe: Man gibt sie der Lächerlichkeit preis.

Stückweise ganz tief in die Krise

Und damit zurück zu dem Punkt, da ich mich als den beinahe vollkommen Glücklichen verlassen habe, der gerade vom FREMO-Treffen nach Hause fährt und dabei die Norm-Maße seiner Module festlegt.

Um ein wenig vorzugreifen: meine Gesamtzeit als Ein-Mann-Modulbahn-Verein dauerte etwa drei Jahre. Es ist die bislang längste Phase in meiner Modellbahn-Karriere gewesen; und ich blicke ganz ohne Zorn darauf zurück. Denn wann kann man schon einmal bei sich selbst so genau verfolgen, wie weit es einerseits von der Idee zur Realisation ist und wie nahe andererseits Bescheidenheit und Größenwahn, Idyllenflucht und Gigantomanie nebeneinanderliegen.

Doch im Ernst: lange sah es nicht so aus, als würde auch dieses Projekt scheitern. Im Gegenteil! Ein Modul aus leichtem Holz zu bauen überfordert auch den nicht, der nur wenig Routine im Schreinern hat. Die Streckenführung ist denkbar einfach und hält alle Finessen der Gleisgeometrie entschieden außen vor. Und für den Schmerz des (vorläufigen) Verzichts auf Fahren und Fahrenlassen gibt es allerlei Entschädigung.

Die erste dieser Entschädigungen war der (virtuelle!) Platz-Rausch des nach allen Seiten offenen Modul-Prinzips. Was ließ sich jetzt nicht alles kompromißlos maßstabgerecht und vorbildgetreu planen! Hatte ich zu Beginn meiner Modellbahner-Laufbahn gleich mit dem ersten Griff ins Sortiment der Ausstattungs-Hersteller

meinen Schienenkreis überfüllt, so galt jetzt, da ich mich auf kleiner Spur immer geradeaus, von A über B nach Omega vorarbeiten wollte, praktisch keine Einschränkung mehr. Ich durfte also in den Katalogen der Ausstatter schwelgen. Und ich genoß es, mir mit einem gewissen Versprechen ihrer Realisierbarkeit jede beliebige Szenerie ausmalen zu dürfen. Der Platz war nicht mehr beschränkt, allenfalls mußten sich meine Visionen in Stücke à 75 an 35 cm zerlegen lassen.

Anfangs blieb ich dabei noch der Modul-Philosophie der Kargheit verpflichtet. Meine ersten beiden Teilstücke waren schlichte Strecken-Module. Einspruch! Schlicht waren sie, insofern sich rechts und links der Trasse keine architektonischen Sensationen ereigneten. Doch hochgradig entwickelt waren sie auch. Denn vom FREMO-Treffen war ich mit allerhand ganz besonderen Landschaftsmaterialien nach Hause gegangen, die dort ein Mann aus dem Ostwestfälischen vorgeführt hatte.

Und was für eine überzeugende, ja faszinierende Vorführung war das gewesen. Der Mann war nämlich Ökologe aus ästhetischer Überzeugung. Sein Grundsatz lautete: alle Nachbildung könne nur mit den Originalstoffen glücken. Welch ein radikal-ästhetisches Programm! Seine Materialien gewann der Mann, indem er alles sammelte, was um ihn her an verschiedenen Erden und Steinen etc. zu finden war. Den Erden entzog er das Wasser und mahlte sie, bis sie Pulverform hatten. Die Steine zerkleinerte er, zum Beispiel zu Schotter mit genauem H0- oder N-Format. Außerdem sammelte und trocknete er Blumen und Gräser, Moose und Ästchen; und mit alldem führte er vor, was er *dreidimensionales Malen* nannte. Seine Pulver mischte er mit Wasser und Klebstoff zu sämigen Breien, in die er mit kleinen Spachteln Ackerfurchen zog. Anderswo harkte er mit kleinen Kämmen Kieswege, die er anschließend mit flüssigem Spezialkleber aus der Blumenspritze fixierte. Und an die Ränder eines Baches aus speziell dafür entwickeltem Gießharz pflanzte er büschelweise grüngelbes Schilf.

Meine größte Hochachtung aber gewann er, als er im Zuge seiner Vorführung einen Schienenstrang durch eine Wiese verlegte. Zuerst erkundigte er sich im Publikum nach der Region, die er abbilden sollte. Dann mischte er wie ein Barmixer verschiedene Gesteinsarten zu einem landestypischen Schotter-Cocktail, den er dann sehr geschickt zwischen die Schwellen brachte. Ähnlich verfuhr er anschließend mit der Wiese, indem er die Kräuter, Blumen und Gräser der Saison mixte. Das Geheimnis, sagte er dazu, sei es, nie eine Fläche mit einfarbigen Materialien herzustellen; das sähe dann aus wie – und es fielen die Namen der Marktführer. In der Natur aber gebe es keine reinen Farben, alle Eindrücke seien aus unendlich vielen Komponenten zusammengesetzt; und nur wenn man dieses Verfahren imitiere, erhalte man überzeugende Resultate.

Nach dieser Farbenlehre (die man als Broschüre erwerben konnte) und natürlich mit den Materialien des Ostwestfalen (es gibt sie in Pfanddosen) erstellte ich meine ersten beiden Teilstücke. Und war ehrlich begeistert. Derart, daß ich, als ich das dritte anlegte, beschloß, mich nun an die Bausätze der bekannten Hersteller zu wagen, um sie durch eine Behandlung mit den ostwestfälischen Pudern und Stäuben dem naturalistischen Anspruch einer Modul-Anlage zu unterwerfen.

Das war eine folgenschwere Entscheidung. Denn sie führte dazu, daß das dritte Teilstück nie wirklich fertig wurde. Nicht, daß ich an den Bausätzen gescheitert wäre. Im Gegenteil! Aber fast ohne es richtig zu bemerken, verfiel ich ausgerechnet dem Plastik-Modellbau, der in meiner ersten Platten-Phase noch allerlei Gründe zur Frustration beigesteuert hatte. Jetzt freilich brachte ich die knallig bunten Serienprodukte auf den ästhetischen Standard! Durch Zeitschriftenartikel zum sogenannten *Kitbashing* angeleitet (aus drei Bausätzen ein Haus bauen, das sonst keiner hat), schnitt und klebte ich einzelne Gebäude und ganze Komplexe nach eigenen Plänen zusammen. Und mit ein paar Tricks und den besagten Stäuben und Pudern zerbrach ich so erfolgreich ihre Plastik-Aura, daß ich endlich einmal eine wirkliche Entschädigung für die peinlichen Pannen während der Gleisplan-Phase erfuhr.

Es war eine schöne Zeit. Ganz nebenbei lernte ich auch allerhand wichtige Dinge, zum Beispiel handwerkliche Grundsätze wie diese: Ein scharfes Bastelmesser muß man richtig halten und damit immer von sich weg schneiden, sonst trennt man sich einen Tag vor Heiligabend die Sehnen am linken Daumen durch. Schlecht aufgerührte Farben können auch nach mehreren Tagen noch Flecken ins Hemd machen; die gehen dann allerdings nie wieder raus. Wenn man in kalkweiße Farbe etwas Spülmittel gibt, läuft sie, statt großflächige Lachen auf dem Gebäude zu bilden, sauber in die Mauerfugen; nimmt man zu viel Spülmittel, gibt es allerdings Schaum und alles ist ruiniert. Das Dach eines Eckhauses ist leicht konstruiert; man muß nur alle Gesetze der Geometrie kennen, die man vor zwanzig Jahren in der Schule schon nicht verstanden hat. Und vorausgesetzt, man weiß genau, wie es geht, ist das Anbringen von wasserlöslichen Abziehbildern ein Klacks.

Natürlich erfuhr ich auch ganz unwichtige Sachen. Zum Beispiel, daß es auf manchen Dächern unterhalb der Schornsteine besonders schmutzig ist, auf anderen aber genau dort eher sauber. Oder: wie schwierig es ist, die Farbe einer alten Backsteinmauer, von der der Putz bröckelt, auch nur annähernd in Worte zu fassen, um sie später aus kleinen Farbtöpfen anmischen zu können. Und generell: wie kurz die Erinnerung an einen Eindruck währen und wie sehr sie trügen kann. Oft genug saß ich in meinem Bastelraum auf dem Speicher, über meine Farben, Puder und Stäube sowie über irgendein Foto gebeugt, und verstand dabei sehr tief innen die impressionistischen Maler, die aus ihren Ateliers hinaus ins Freie gegangen waren, voller Zweifel an allen akademischen Auffassungen davon, wie die Erde und das Wasser und die Pflanzen auszusehen hatten. Ich hingegen hatte nicht einmal die Möglichkeit, den Modellbau bei natürlichem Licht zu betreiben; und als ich an einem Sommertag alles nach draußen trug, da gab es ein Desaster. Ein leichter Wind blies die Stäube davon, der Pinsel fiel ins Gras, und die Insekten setzten sich auf die frische Farbe.

Doch solche Schwierigkeiten lähmten mein Projekt nicht, sie beschleunigten es vielmehr. Allein, es war eine gefährliche Beschleunigung. Wäre ich damals etwas weniger begeistert gewesen, dann hätte ich bemerkt, daß meine Leidenschaft ganz langsam die Rich-

tung wechselte. Freilich bemerkte ich es nicht, und es entstand Haus um Haus. Eines besser als das andere, aber keines gut genug; ziemlich bald waren es an die fünfzig. Nun hieß es: wohin damit? Und ganz einfach: in einem subtilen Akt des Selbstbetrugs paßte ich meine Anlagen-Philosophie allmählich der sanft mutierten Leidenschaft an. Sollte der Schienenstrang anfangs nach dem Vorbild der kargen FREMO-Manier nur an allerhand Solitärbauten entlanglaufen, so erklomm nach einigen Zwischenstufen, die ich nicht mehr rekonstruieren kann, mein Plan bald eine erheblich höhere Stufe der Komplexität. An einem ländlichen Endbahnhof sollte jetzt eine Nebenbahn beginnen, die vor den Toren der Großstadt in die Hauptstrecke mündet, welche wiederum auf einem Viadukt quer durch das Häusermeer und entlang der Hinterhof-Schluchten zunächst durch mehrere Stadtbahnhöfe und endlich in einen großen Kopfbahnhof führt. Geschätzte Länge des Ganzen: 15 bis 20 Meter. Eine Lebensaufgabe.

Einen gewissen Anteil an diesem Umschwenken meiner Leidenschaft hatte sicherlich die Weltgeschichte. Denn bei meinen Aufenthalten im damals seit knapp zwei Jahren offenen Berlin war ich immer häufiger durch die alten Viertel des Ostens spaziert. Was ich dort sah, kannte ich als Nachkriegs-Westdeutscher allenfalls aus alten Filmen oder Wochenschauen: gründerzeitliche Mietskasernen im Stadium fortgeschrittenen Verfalls, halb wiederaufgebaute Kriegsruinen, Birkenwäldchen auf Trümmergrundstücken. Und natürlich stimmte die soziale Fraktion in mir allen zu, die hier schleunigste Sanierung forderten; doch die ästhetische Fraktion verfiel mit Haut und Haaren dem merkwürdigen Reiz und der Aura des Ruinösen. Mag sein, daß manches doch ein wenig an diesen oder jenen Kindheitseindruck erinnerte; wichtiger war sicher, daß mir die Ruine und das Leben um sie herum als Alternative erschienen, als eine ebenso heikle wie verlockende Alternative zu jenen Beispielen für gelingendes Leben, die mir auf den Standard-Platten so viel ästhetisches Magengrimmen bereitet hatten. Anders gesagt: es schien mir ein reizvolles Abenteuer der Modell-Darstellung zu sein, sich auf das Idyllische am Ruinösen einzulassen!

Vielleicht rührte die Faszination der Ruine auch daher, daß sie ein so anspruchsvolles Bauwerk ist. Man erkennt das spätestens beim Versuch der Nachbildung. Alles Intakte gehorcht ja vergleichsweise schlichten Gesetzen; und ein dichtes Dach und eine frischverputzte Wand sind einfach nachzubilden. Hingegen verlangt der Bau einer Ruine Entscheidung in jedem Detail; es gibt Tausende Arten, wie ein Dach zerfallen und eine Mauer zerbrökkeln kann. Außerdem ist die Ruine ein Gesamtkunstwerk aus Innen und Außen; ganz gelungen ist sie nur, wenn nichts kaschiert und vielmehr alles einsichtig ist.

Übrigens hegte ich dabei zunächst eine Befürchtung: Als Modellbahner sowieso schon eher einsam, würde ich vielleicht mit meinem Vorsatz, eine Stadtlandschaft in teilweise ruinösem Zustand zu bauen, noch ein wenig einsamer werden. Ich hatte auf Ausstellungen und in Zeitschriften Hunderte von bestehenden oder entstehenden Anlagen gesehen, aber darunter war nur eine einzige gewesen, auf der eine Trümmerbahn zwischen Kriegsruinen und der Schuttverladestelle an einem Kanal pen-

delte. Diese Anlage, etwa zwei an anderthalb Meter, wurde auf der *Intermodellbau*, einer Messe in Dortmund, gezeigt; und sehr gut erinnere ich mich an die bestürzten Gesichter der vorbeigehenden Besucher. Vielen, insbesondere den älteren, stand geradezu ins Gesicht geschrieben, daß sie die Trümmer-Platte nicht wie ich für ein abenteuerliches ästhetisches Spiel mit der Idylle, sondern für den letzten aller möglichen Tabubrüche hielten.

Meine Furcht vor dem Urteil der anderen war aber, dieses Mal zumindest, grundlos. Ja, kaum etwas von meiner Modellbahnerei ist im Kreise meiner Bekannten so gut aufgenommen worden wie die Ruinen. Mit ihnen schien meine Anlage wohl endlich die intellektuelle Höhe erreicht zu haben, die allgemein erwartet wurde. Möglicherweise aber waren sie auch einfach nur gut gelungen. Immerhin war ich selbst, wenn ich sie so arrangierte, daß ihre verwinkelten Anbauten und ihre chaotischen, halb wiederaufgebauten Dächer vertrackte Landschaften schufen, so zufrieden wie mit nichts zuvor.

Hätte es also vielleicht noch gelingen können? Wer weiß. Auf ein realisierbares Maß heruntergeschraubt, hätte mein Modul-Plan ja womöglich ein ganzes Modellbahnerleben lang sinnvoll die Richtung vorgeben können. Doch leider war dem nicht so. Tatsächlich hatte ich den Impuls zur Weltenschöpferei in mir zwar schlecht geheißen und verabschiedet; allein, er war nicht tot und führte mich vielmehr klammheimlich zu einer Wiederbelebung der symbolischen Absicht. Genauer gesagt: ein Etwas zwang mich, wieder auf ein allumspannendes Ganzes zu zielen. Jeder Messebesuch, jede neue Fachzeitschrift und ganz besonders jeder Bummel durch eine bislang unbekannte Stadt brachten neue Motive, auf die schwer zu verzichten war. Und folgerichtig geriet ich bei aller betriebsamen Bastelei in jene innere Stagnation, in die gerät, wer zuviel will. Allmählich überwölbte das Pläneschmieden jede Realisierung. Die Summe der Möglichkeiten verhinderte jede Entscheidung.

Doch wie sehr ich in die Krise gedriftet war, bemerkte ich erst im Zuge einer gewissermaßen politischen Inkorrektheit. Per Zufall hatte ich den ›Model Railroader‹ gelesen, die führende Fachzeitschrift im angelsächsischen Raum, und dabei mehrere englische Bausatzprogramme kennengelernt, die nicht nach Deutschland importiert wurden. Vom Gesehenen sehr angetan, erkundigte ich mich nach Bezugsmöglichkeiten und lernte einen niederländischen Importeur kennen, der mich von nun an mit den englischen Bausätzen versorgte. Ich baute ein paar zusammen, strich und bestaubte sie, gruppierte sie locker auf einem weiteren Modul – und beschloß, a) mich gründlich über die Konzeption englischer Landbahnhöfe um 1900 zu informieren und b) es ab jetzt zuzulassen, daß auch Bahnen aus dem mehr oder weniger benachbarten Ausland (zum Beispiel England) sich nach Durchfahrung landestypischer Gegenden in den geplanten großstädtischen Zentralbereich einfädeln durften. Den zarten Surrealismus dieser Konstruktion (eine Lokomotive fährt aus dem viktorianischen England schnurstracks ins Nachkriegsberlin) wollte ich in Kauf nehmen.

Zum Glück aber wurde mir über dieser wahnwitzigen (wenngleich vollkommen treuherzigen) Konzeption eines Sehrgroßdeutschland im Maßstab N nun endlich

einigermaßen klar, daß ich mich wieder auf dem Holzweg befand. Die Fülle der Möglichkeiten hatte mich beflügelt und gelähmt zugleich. Doch das war nicht einmal das einzige Problem. Viel schlimmer noch traf mich inmitten meines Häusermeeres die Erkenntnis, daß ich offenbar wieder einmal weit von dem Weg abgekommen war, der mich zum verschleierten Ziel meiner ursprünglichen Leidenschaft führen sollte. Denn es war doch schließlich um die Attraktion der *Eisenbahn* gegangen! Um die S 10 auf der Handkante des Dämons! Warum aber hatte ich mich dann in den Plänen zu einer multinationalen, megalomanen Modul-Anlage verirrt, auf der bislang kein einziger Zug auch nur einen Zentimeter gefahren war? Warum?

Als Versuch einer Selbstanalyse kehrte ich damals zu der besagten hochbeinigen (Fachausdruck!) Schnellzug-Lokomotive S 10 zurück. Die besaß ich längst wieder im Maßstab N (in dem sie inklusive Tender etwa zwölf Zentimeter mißt). Doch als ich sie jetzt, in Maßen verzweifelt, mit sehr spitzen Fingern und sehr vorsichtig vor mir aufbaute, da fand ich so gar keine Antwort auf die Frage, was an ihr eigentlich die Attraktion sei? Warum in aller Welt hatte ich ihr eine dermaßen prächtige Paradestrecke (von Sheepwood-on-River zum Alexanderplatz) bauen wollen und dabei so gar keine Trauer darüber empfunden, daß sie derweil gut verpackt in ihrer Schachtel lag? Ich hielt sie nahe vors Auge. Hochdetailliert war ja auch das kleine Modell, und aufwendig lackiert mit feinsten Zierlinien rund um das Führerhaus. Etwas ganz Preziöses, einem Schmuckstück ähnlicher als einem Modell. Wirklich sehr gelungen!

Und dennoch. Ich legte sie aus der Hand. Ich war ratlos. Denn eigentlich ließ sie mich kalt. Gerne hätte ich jetzt, gewissermaßen als Gegenprobe, ihre Schwester im Maßstab H0 daneben gestellt, um zu rekonstruieren, was mich damals so angezogen und auf den ziemlich dornigen und verschlungenen Weg der Modellbahnerei gelockt hatte. Doch die große S 10 war ja verkauft. Also packte ich das Kleinod in seine Schachtel und besuchte das Fachgeschäft (in dem ich mittlerweile zu den Stammkunden gehörte).

Das tue ihm leid, sagte der Händler. Eine Großserien-S 10 in H0 sei gerade nicht am Lager, aber er habe ein Handarbeits-Modell davon, aus einer limitierten Auflage, und das verkaufe er im Kundenauftrag. Er zog es aus einer polierten Holzschachtel mit Messing-Beschlägen, stellte es sehr vorsichtig auf die Schienen und nannte den Preis.

Es verschlug mir die Sprache.

»Nun ja«, sagte der Händler, »kein Pappenstiel, weiß Gott! Im Grunde darf man die gar nicht fahren lassen. Aber dafür ist sie ja auch eine echte Schönheitskönigin!«

Schönheit? dachte ich. Und merkte auf. Was hat denn eigentlich dieses Wort auf der Modellbahn zu suchen? Es ging doch bislang um Technik, um Spiel und Modell. Richtig, aber es ging auch um Idylle und Symbol. Und waren meine Ruinen nicht sehr *schön* gewesen? Möglich, doch zugleich säumten sie den Irrweg, aus dem ich jetzt wieder zurück wollte.

Ich bat den Händler, die unerschwingliche S 10 in Betrieb zu setzen. Majestätisch langsam rollte sie an. War sie schön? Anders, wesentlicher schön als im um-

gangssprachlichen Sinne (schöner Urlaub, schöne Wohnung, schön gegessen, schön geschlafen)? Gut, Schönheit hat viel mit Leidenschaft zu tun, das wäre ein Indiz. Aber jetzt einmal ohne Wenn und Aber: Ist diese schwarz-rot-grüne Lokomotive wirklich schön?

Ja, sagte es in mir. Ja. Unbedingt.

Und warum?

Ich wußte es nicht. Aber ich wußte: bevor ich diese Frage nicht beantwortet habe, tue ich keinen weiteren Schritt.

Zurück zu den Dampfrössern

Außerdem gab es noch einen weiteren Grund dafür, aus der Praxis erst einmal wieder in die Theorie zu wechseln. Es bedurfte nämlich jetzt, da ich bereits zum dritten Mal eine Einstellung oder eine Kehrtwende meiner Modellbahnerei bekanntzugeben hatte, eines plausiblen Kommuniqués für meine Frau. Und darin durfte es nicht ohne jede hieb- und stichfeste Begründung bloß heißen, mir seien meine N-Lokomotiven *nicht schön genug* gewesen. Bei meiner Vorgeschichte mußte ich da mit dem Schlimmsten rechnen! Doch viel mehr wußte ich ja bislang nicht zu sagen.

Also vertiefte ich mich wieder in meine Zeitschriften. Waren Dampfloks schön? Und, wenn ja – die entscheidende Frage: warum waren sie es? Doch die Zeitschriften gaben mir keine Auskunft. Denn sie zeigten schöne Fotos von schönen Modellen, ich aber wollte jetzt ohne alle mediale Vermittlung zum Urgrund meiner Leidenschaft vordringen. Auf einschlägige Erfahrungen mit den *Originalen* konnte ich dabei nicht zurückgreifen. Vor vielen Jahren hatte zwar die Bushaltestelle meines Gymnasiums in der Nähe des Bahnhofs gelegen, und wenn wir dort mittags warteten, standen wohl in Sichtweite ein paar schwarze Riesen und qualmten vor sich hin. Aber ich hatte sie damals nie recht zur Kenntnis genommen. Wir waren von Haus aus, diese Einsicht hatte ich ja schon über meinen ersten Gleisplänen gewonnen, gewissermaßen reinrassige Autofahrer.

Glücklicherweise wurde es gerade Frühling. Aus den Zeitschriften wußte ich, daß jetzt die Saison der Museumsfahrten und der Museumsfeste begann. Ich machte mich kundig, und zwei Wochen später stand ich im ehemaligen Bahnbetriebswerk Bochum-Dahlhausen und wartete am Ende einer gar nicht so kurzen Schlange darauf, eine Führerstandsmitfahrt in einer P 8 machen zu dürfen.

Hat dieser Tag mein Leben verändert? Nun ja, ich rate gern zur Vorsicht beim Umgang mit starken Formulierungen. Man sollte sie nicht leichtfertig verschwenden, sonst fehlen später allzu schnell die Worte. Jedenfalls hat dieser Tag meine Modellbahnerei vom Kopf auf die Füße gestellt. Oder, mit noch etwas weniger Emphase: seit diesem Tag glaube ich immerhin zu wissen, von wo der erste und wesentliche Anstoß für *alle* Modellbahnerei, also auch für meine, gekommen ist. Das heißt nun nicht, die Weichen meiner Modellbahner-Laufbahn seien seitdem unverrückbar in Richtung pures Glück und schieres Gelingen gestellt, doch immerhin haben alle meine Versuche nun eine Art Mitte, um die sie kreisen können.

Aber der Reihe nach. Sehr müde und sehr rußig kehrte ich am Abend meiner ersten Expedition zu den Quellen der Leidenschaft nach Hause zurück. Und auf die Frage, wie sie denn so waren, die Dampfloks, überließ ich, müde, wie ich war, die Antwort einem anderen:

»Sie strahlen Leben aus. Leben, wie keine andere Maschine, die es gibt. Sie atmen, leise, laut, sie stöhnen bei großer Anstrengung. Man merkt, wie sie zittern unter der Last des anhängenden Zuges, wie sie mit letzten Kräften auf der Steigung keuchen, wie sie dann triumphieren, wenn der Gipfel überschritten ist, wie der Auspuff schneller und schneller, jubelnder, befreiender wird. Sie leben, die schwarzen Dinger, die sich der Mensch selbst geschaffen hat. Und wie schnell der Herzschlag geht, wenn sie zum Stehen gekommen sind: Tamm tahh – tamm tahh – tamm tahh, ganz schnell. Und dann beruhigen sie sich, der Herzschlag wird langsamer, ein klackendes tamm – dann summt und zischt es nur noch, aus dem Sicherheitsventil kräuselt ein weißes Fähnchen und zeigt die ungeheuere, gebändigte Kraft an.«

Für diese Beschreibung bedanke ich mich herzlich bei Karl-Ernst Maedel, einem bekannten Lokomotiv-Verehrer und -Autor. Ich selbst hätte mich vielleicht nicht getraut, es *so* zu sagen. Aber kann man besser oder sollte man etwa mit weniger Pathos erklären, warum seit Jahrzehnten so viele einigermaßen erwachsene Gemüter sich von ein paar Tonnen Metall, gefüllt mit brennender Kohle und Wasserdampf, sowie von Ruß und Schmieröl und vom Zischen, Stampfen und Pfeifen derart begeistern, ja verzaubern lassen? Sollte man? Ich denke: nein. Das Pathos hat seine Berechtigung. Denn mit einer nüchternen Beschreibung der historischen Leistung der Dampflokomotive, so groß die auch gewesen sein mag, ist ihre Attraktivität nicht vollständig zu erklären. Soviel jedenfalls war mir in Bochum angesichts einer nicht nur (bei anderen) beobachteten, sondern auch (selbst) gespürten Begeisterung klargeworden. Niemand steht früh auf, fährt Hunderte Kilometer und läuft dann einen Tag lang fasziniert durch Ruß und

Qualm, nur weil er den letzten Zeugen der Industrialisierung Europas nahe sein will. Ich glaube vielmehr, ihre große Aura hat die Dampflok gewonnen, weil sie bis heute als das Versprechen erscheint, es könne ein gelingendes Miteinander von Mensch, Natur und Technik geben!

Starke Worte, ich weiß. Aber die Dampflokomotive wird ja nicht *Dampfroß* genannt, weil sie das Pferd als Transportmittel verdrängt hat; das tat erst sehr viel später das Auto. Diesen Ehrennamen bekam sie vielmehr, weil sie durch ihre äußere Erscheinung in der Lage war, auch dem technisch Unbedarftesten eine ganz brauchbare Vorstellung von den Prozessen der modernen, kraftintensiven Technik zu geben.

Man vergleiche nur einmal: die Elektrolokomotive. Eine nützliche Maschine, kein Zweifel. Gut geeignet, die IC-Züge zu ziehen, mit denen ich ziemlich häufig unterwegs bin. Aber, wie sieht das Ding aus? – Irgendwo las ich einmal, sie ähnele, quer durch alle Typenreihen, einem Gefrierschrank mit Zimmerantenne; und sie fahre auch nicht erkennbar, sondern schlüpfe bloß unter der Stromleitung daher, angeleint und gegängelt wie ein Dackel.

Ganz anders dagegen die Dampflok! (Und ich hatte es endlich gesehen, aus nächster Nähe.) Mag sie auch eine *technische Revolution* gewesen sein, zudem war und ist sie bis heute ein *ästhetisches Phänomen*, etwas, dessen bloßer Anblick berührt und zu denken gibt. Man sollte niemals vergessen, daß nicht die Dampflok die Welt verändert hat, das war ihr technischer Kern, die Dampfmaschine. Doch die Dampfmaschine wirkt als stationärer Apparat vielleicht unübersichtlich, allenfalls ein wenig bedrohlich. Erst die Lokomotive gab der Dampfmaschine mit einem Schlag eine *selbstverständliche* Gestalt. Sie symbolisiert, so der Sozialwissenschaftler Jost Bauch, »eine Technik, die der ›Grammatik‹ des menschlichen Körpers entspricht«. Was geschieht, wenn sie fährt, kann jeder verstehen, auch wenn er von der Technik nichts versteht: Sie ist heiß, es brennt ein Feuer in ihr. Sie dampft und schwitzt, wenn sie sich anstrengt. Ihr Gewicht scheint sichtbar. Das Spiel der Treib- und Kuppelstangen erinnert an die fliegenden Beine eines Pferdes oder die rudernden Arme eines Läufers. Und die ganze Maschine: es ist, als seien Läufer und Pferd, Kutsche und Kutscher zu einem eisernen Wesen verschmolzen.

Daher mag Maedels Beschreibung der Dampfloks sehr gelungen sein, keineswegs ist sie originell! Niemand hat wohl je das Angebot dieser Maschinen ausschlagen können, sie im ganzen und in allen ihren Teilen als lebende Wesen aus Eisen zu sehen und zu verstehen. Und wie noch jedes Ungeheuer als eine Übersteigerung des Geheuren entstanden ist, so haben sich die Dampfloks vor den Augen ihrer ersten Betrachter gerade *wegen* ihrer so begreiflichen Gestalt und Funktion umgehend in fauchende, feuerfressende und dampfspuckende Fabelwesen verwandelt. Selbst die frühen Kritiker von Technik und Industrialisierung haben sich verzaubern lassen. So gibt es etwa in der Literatur des 19. Jahrhunderts durchaus eine Ablehnung der Eisenbahn, aber die äußert sich oft in einer Dämonisierung der Dampflok. Will sagen: hier hat eine technische Neuerung ihre Mythologie, sei es im Positiven, sei es im Negativen, gleich mitgebracht.

Nun erhöht sich bekanntlich der Reiz eines jeden Fabelwesens mit seiner Seltenheit. Nach dem Zweiten Weltkrieg, in dem sie eine äußerst traurige Glanzzeit feierten, begann das langsame Sterben der Dampfrösser. Schon in den sechziger Jahren verrichteten die verbliebenen Exemplare schmutzige und unpopuläre Nebenbahndienste. Ihre imposanten Behausungen, die Lokschuppen aus den Gründerjahren, zerfielen; und nachdem hundert Jahre lang selbst die Reisenden der Ersten Klasse mit Stolz auf das stählerne Fabelwesen an der Spitze des Luxuszuges geblickt hatten, hieß es jetzt, die Dampflok sei schmutzig, das Reisen mit ihr eine Zumutung. Im Herbst 1977 verbannte die Bundesbahn die letzten Dampfloks von ihren Schienen, später tat das auch die Reichsbahn der DDR.

Doch schon zu Anfang der siebziger Jahre, parallel zu ihrem Verfall als öffentliches Verkehrsmittel, begann die vollständige Verwandlung der Dampflok ins *Kultobjekt*. Eisenbahn-Museen wurden gegründet, und Museumseisenbahnen entstanden dort, wo etwa eine Schmalspurbahn den täglichen Verkehr einstellte. Wer also heute einem Dampfroß in Betrieb nahe sein will, für den sind zwar die großen Bahnhöfe eine Ödnis, doch die Offenen Tage der Verkehrsmuseen und die Sonderfahrten der Museumseisenbahnen bieten nicht den schlechtesten Ersatz. Mag sein, die Anfahrt ist mühsam, und noch mühsamer ist es, die Rest-Familie vom Reiz der Veranstaltung zu überzeugen (so ging es mir bei meinem zweiten Museumstag), doch solche Hindernisse auf dem Weg

zum Fabelwesen steigern ja nur die Vorfreude. Und wenn er seinen Anhang überzeugt oder ausreichend bestochen hat, so daß der erhabene Moment der Anfahrt einer S 10 nicht durch die Forderung nach Speiseeis gestört wird oder durch die subtile Bemerkung, hier sei es aber ziemlich schmutzig, dann – ja dann kann der Mensch der Jahrtausendwende genießen, wonach er sich verständlicherweise sehnt. Hier bekommt er noch sein Evidenz-Erlebnis, hier gibt es die Wahrnehmung der Unmittelbarkeit von Kraft und Energie. Hier kann er buchstäblich am eigenen Leibe erfahren, wie die Kraft des Feuers gezähmt und nutzbar gemacht und wie aus Hitze Bewegung wird.

Wohlgemerkt, es geht nicht um eine Kraft, die in Zahlen ausgedrückt imponierte. Streng betrachtet, sind Dampfloks ganz schwache Wesen! Nur einen kleinen Teil der Energie, die sie aufnehmen, können sie in Kraft umsetzen. Wo sie die schwerste Arbeit tun mußten, zum Beispiel auf den Bergstrecken der Alpen, begann man sie schon zu Beginn des Jahrhunderts durch die viel stärkeren Elektroloks zu ersetzen. Und sie sind auch nicht schnell. Gleich die ersten Elloks übertrafen sie in allen Disziplinen. Aber was einer erlebt, an dem gerade im Abstand von kaum einem Meter eine schwarze Schnellzug-Lokomotive mit übermannshohen Treibrädern vorbeifährt, ist nicht zu vergleichen mit allen anderen Technik-Erfahrungen der Jetztzeit. Und was zählt schon das Mehr an Pferdestärken der Elektrischen, wenn doch die Dampfrösser Hitze und Feuchtigkeit und den Geruch von Öl und heißem Metall hinterlassen? Oder wenn sie das Erlebnis vermitteln, aus kür-

70

zester Entfernung sehen, ja spüren zu können, wie beim Anfahren die Kräfte der Bewegung, vom Überdruck stimuliert, mit den Kräften der Beharrung, mit dem gewaltigen Gewicht kämpfen, bis schließlich, nach einem hektischen Durchdrehen der Treibräder auf den schmalen, öligen Schienen, der ganze Koloß sich schnaubend und zischend aufmacht.

Und derart wieder einmal bei *allen* Sinnen angesprochen, stehen sie dann am Dampflok-Tag Schulter an Schulter vor den Absperrungen, ein wenig schwitzend, ein wenig verrußt und ein wenig verrückt: der Mann aus der Industrie, der in seinem Arbeitsalltag allenfalls noch den sehr diskreten Charme einiger Elektromotoren verspüren darf; der Mann vom PC-Arbeitsplatz, vor dem sich alles blitzschnell und in den Tiefen winziger Silikonpartikel ereignet; und schließlich all jene, die in ihrer Arbeit überhaupt nie die Genugtuung des Mechanischen erfahren, dieses köstliche Gefühl, den Zusammenhang von Ursache und Wirkung mit Händen und Augen greifen zu können: die Lehrer und Verwalter, die Manager und Direktoren, die Werber und die Vertreter. Und zwischen ihnen mindestens *ein* Schreiber.

Vorwärts zur Sammlung

Leider nun hat, ich bleibe im Bild, jeder noch so begeisternde Kontakt mit dem leibhaftigen Dampfroß einen schlimmen Pferdefuß. Denn der Begeisterte, der unmittelbar neben einer imposanten Schnellzug-Lokomotive steht, gewinnt zwar allerlei starke Eindrücke, nur nicht den *Überblick*. Und kaum ist er ein paar Meter zurückgetreten, versperren ihm schon zwei Dutzend andere Begeisterte die Aussicht. Erst recht problematisch wird es, wenn der Gegenstand seiner Begeisterung sich in Fahrt befindet. Kaum in Sicht, ist das schwarze Ungetüm auch schon wieder in einer Rauchwolke oder hinter dem Lokschuppen verschwunden; und für die Genehmigung zum Abwarten der nächsten Pendelfahrt stellt die Familie absolut unannehmbare Bedingungen. Ganz und gar unbefriedigend kann es schließlich sein, in einem Museumszug mitzufahren. Denn von nirgendwo sonst *sieht* man die Lokomotive schlechter als aus den anhängenden Wagen!

Ich bin mir nun sicher, daß die Modellbahnerei gerade durch solche Frustrationserlebnisse viel Zulauf erhält. Jedenfalls kann der Begeisterte, wenn er seine Schnellzug-Lokomotive zigfach verkleinert in Händen hält, sicher sein, daß nichts mehr zwischen ihn und das Objekt seiner Leidenschaft gerät. Und stellt er es, sagen wir: einen halben Meter vor sich und knapp unter Augenhöhe auf eine Tischplatte, dann kann er störungsfrei und so lange, wie er nur will, die wunderbare Aussicht genießen, die er sonst erst nach dem gefahrvollen Erklettern einer schwierigen Foto-Position gehabt hätte.

Was für die stehende Lok gilt, gilt noch mehr für die in Bewegung. Natürlich muß der Modellbahner (noch) auf ein paar Eigenschaften der Vorbilder verzichten. Die verkleinerte Ausführung entläßt, wenn überhaupt, nur aus dem Schornstein etwas dünnen Rauch, statt der Kolbenschläge ist das Surren des Elektromotors, statt des Klackerns der Luftpumpe das Scharren der Getriebezahnräder zu hören. Und wenn sich die kleine Lokomotive schon einmal heiß anfühlt, deutet das leider meistens auf einen Defekt. Aber das Drehen der verschieden großen Räder und ganz besonders das Zusammenspiel der Steuerungsteile sind aus dem unverstellten Halbmeterabstand ganz wunderbar zu beobachten. Und auf nur zwei oder drei Metern Versuchsstrecke vermag der Modellbahner an einem verregneten Nachmittag mehr Anfahrten, Bremsmanöver und Vorbeifahrten in Höchstgeschwindigkeit zu inszenieren, als ihm alle Museumsbahnen der Welt an allen Sonnentagen eines ganzen Jahres offerieren könnten.

Sicher, ein wenig Phantasie gehört immer dazu, um am Modell einen ähnlichen Genuß wie am Vorbild finden zu können; und Phantasie ist leider (oder zum Glück) nicht jedermanns Sache. Es gibt und wird immer Eisenbahnfreaks geben, für die eine Modell-Lok bloß ein eher lächerliches Spielzeug ist. Andererseits betreiben die Modellbahner, wenn sie spielend die Phantasie aufbringen, durch das Modell hindurch das Wesentliche am Vorbild zu sehen, mehr als nur die stille Selbsttäuschung der im Leben zu kurz Gekommenen! Das

73

Modell ist niemals bloß ein Ersatz für das Original. Vielmehr befördert die intensive Beschäftigung mit ihm, also mit der Abstraktion, jene wunderbare Verwandlung, von der ich im letzten Kapitel schon sprach, jene Verwandlung, die mir der Kern aller Modellbahn-Leidenschaft zu sein scheint. Es ist die Verwandlung der Lokomotive in ein allegorisches Wesen, in eine Fabelfigur oder: in die Heldin einer Geschichte.

Und ich bin nun einmal nicht davon abzubringen, daß es solcher Verwandlungen und solcher Geschichten bedarf, um die Welt zu begreifen – die ganze Welt, nicht nur die Welt der Technik. Denn die sogenannten Originale sind (wie alles Reale) immer und überall flüchtig; kaum gesehen, bleibt nur eine vage Erinnerung zurück. In die Nachbildungen jedoch kann ich mich ungestört vertiefen; mehr noch: mit ihnen kann ich nach eigenem Belieben verfahren. Ich kann sie mir aufs Nachtschränkchen und auf den Schreibtisch stellen, ich kann sie, im Falle der Modellbahn, Kreise fahren und in kleinen Schuppen verschwinden lassen – und während ich das tue, freunden wir uns mehr und mehr an, bis aus dem Modell der Maschine endlich ganz und gar jenes verführerische Sinnbild für die Möglichkeit einer verständlichen, ja einer lebensnahen und lebensähnlichen Technik wird. Im Modell verwandelt sich sein Vorbild ganz und gar in Bedeutung; und sofern ich diese Bedeutung, mag sein mit Wehmut, bejahe, werden beide – schön.

Allerdings, und jetzt wird es bitter, dies alles gilt nur unter der Voraussetzung, daß das Modell eine ausreichende Größe hat! Ich weiß, mir werden, wenn sie dies hier lesen, Tausende von Z-, N- und TT-Bahnern vehement widersprechen. Aber in puncto Leidenschaft ist jeder ein absoluter Monarch, und für mich stand am Ende meiner philosophischen Reise zu den Quellen der Modellbahnerei unbestreitbar fest, a) daß es ganz elementar um *Dampf*loks geht, b) daß diese aus den eben genannten Gründen schön sind – und c) daß ihre Verkleinerung ins Modell den Maßstab 1:87 auf keinen Fall unterschreiten darf. Letzteres, weil man, pardon, weil *ich* sonst nichts mehr sehe. Oder ahne. Oder träume. Wie auch immer.

Jedenfalls stand mein Entschluß (wieder einmal) felsenfest. Ich wollte allen Platten, allen Modulen und überhaupt allem Drum und Dran abschwören und mich auf das Essentielle, auf das Wesentliche konzentrieren. Ich wollte zwei Meter Teststrecke und möglichst viele, möglichst schöne Dampfloks in H0. Kurz gesagt: ich wollte eine *Sammlung*.

Nun muß ich etwas nicht ganz Unwichtiges nachschicken. Ich bin nämlich Sammler. Und zwar von Geburt an. Das gibt es. Beziehungsweise, ich glaube, daß es das gibt, gewissermaßen als nicht zu tilgende genetische Prägung. Der Sammeltrieb selbst stammt ja vermutlich aus einer Zeit, in der der Mensch noch keinerlei Ackerbau betrieb und sich hauptsächlich durch das bloße Sammeln von Nahrungsmitteln versorgte. Später dann verwandelte sich dieser über Jahrtausende lebenserhaltende Trieb allmählich und bei den allermeisten Menschen in den sogenannten Erwerbstrieb; sprich: diese Menschen sammeln Geld. Einigen hingegen – es sind nicht wenige und ich gehöre dazu – ist diese Trieb-

75

verwandlung (oder -sublimierung) nur unvollständig in ihre Erbmasse geschrieben; sie sind weiterhin darauf geprägt, *alles Mögliche* zu sammeln. Oder anders: sie betrachten die Welt als eine Anhäufung potentieller Sammelobjekte. Und vielleicht strahlt ja etwas von der Genugtuung, die der Höhlenbewohner im Holozän angesichts seiner Sammlung von Beeren, Wurzeln und Früchten empfand, noch in dem Hochhausbewohner des späten 20. Jahrhunderts, wenn er sich über seine Sammlung von Briefmarken mit Blumenmotiven beugt. Oder in demjenigen, der Hunderte kleiner Lokomotiven in Reih und Glied in Wandvitrinen stehen oder behutsam auf Schaumstoff gebettet in Schubläden liegen hat.

Nun ist gut darüber streiten, wer hier die Verrückten sind. Nach außen hin wirken die Sammler wahrscheinlich etwas verrückter als die Erwerbstriebigen, zumal sie, um ihre Sammlung stetig auffüllen zu können, in der Regel zusätzlich zu ihrer Sammeltätigkeit (also in den Mußestunden) auch noch ein Gewerbe betreiben oder einen Beruf ausüben müssen. Andererseits kann der Sammler, wenn er vorzeigt, was er gesammelt hat, in vielen Fällen nicht nur Heiterkeit, sondern auch Staunen und Ehrfurcht hervorrufen (Beispiel Museum). Während hingegen der Erwerbstriebige bloß ein Reihenhaus, einen Mittelklassewagen, eine Einbauküche und zwei Sparbücher für die Kinder vorzuweisen hat. Sprich: nichts Besonderes.

Dennoch rate ich jedem, der glaubt, er sei stark genug, den ihm angeborenen Sammeltrieb unterdrücken zu können: Tu es! Versuche es wenigstens! Denn jede Sammlung birgt nicht nur die Möglichkeit großer Genugtuung des Sammlers oder derer, die von der Sammlung profitieren. Darüber hinaus hat jede Sammlung die nicht ganz ungefährliche Tendenz, sich selbst wichtiger zu nehmen als das, was gesammelt wird, und den Rest der Welt.

Ich will das ein wenig erläutern; und diese Erläuterung beginnt mit dem Hinweis darauf, daß prinzipiell *alles* sich bloß um des Sammelns willen sammeln läßt. So habe ich einmal von einem berühmten Mann gehört, der am Strand die Stöcke sammelt, mit denen, bevor sie über Bord geworfen wurden, auf Schiffen die Farbe umgerührt worden war. Die Sache war mir auf Anhieb verständlich. Nicht daß es mich gleich selbst danach verlangt hätte, auch ein paar Dutzend solch wunderbar farbverschmierter und in Salzwasser eingelegter Prengel zu besitzen. Das liegt mir (zumindest einstweilen) fern. Aber sehr gut kann ich mir vorstellen, wie man, nachdem die Kennerschaft in langen Strandwanderungen und beim häuslichen Umgang mit den Objekten gereift ist, jedes neue Stück strengstens daraufhin überprüft, ob es wert ist, in die Sammlung eingereiht zu werden.

Denn Sammeln heißt ja sehr oft: Dinge schätzen, die anderswo als wertlos gelten, und da, wo andere nur Ähnliches oder Gleiches sehen, feine Unterschiede machen. Wer eine Sammlung aufbaut, der sondert sich vom Meinen und Urteilen der anderen ein Stück weit ab; er formuliert, wenngleich nur für den kleinen Bereich seiner Sammlung, *ureigene Gesetze*. Und indem er diese Gesetze auf jedes neue Objekt anwendet und seine Urteile an ihm vollstreckt, erfährt er ein wenig von der

77

Befriedigung, die sonst wohl nur der Schöpfer von etwas vollkommen Neuem hat.

Zum Beispiel: dieses alte Stuhlbein da, das vermutlich nur einmal kurz in Mennige gerührt und höchstens eine Woche in der See gelegen hat – danke, kein Bedarf. Doch hier, dieser eichene Knüppel, dem nicht mehr anzusehen ist, ob und wenn ja in welchem Möbel er einst Dienst getan hat, mit den beinahe zwanzig Farbschichten, die sich auf halber Höhe wie Blütenblätter auffalten – was gäbe man für dieses Stück, wäre es einem nicht gerade zufällig von der Brandung vor die Füße gespült worden! Wie schön zudem, eine solch essentielle Unterscheidung im Angesicht eines Mit-Strandläufers zu treffen, für den beides bloß blöde Stöcke sind – um dann in seinem mitleidig-spöttischen Blick zu erkennen, was für einer man selbst ist. –

Doch andererseits: wie gefährlich, sich auf diese Art und Weise unabhängig vom Meinen und Urteilen der anderen zu machen! Sowie möglicherweise auch vom gesunden Menschenverstand. Jeder Sammler läuft Gefahr, außerhalb seiner Sammlung nichts Wertvolles und außerhalb seines Urteils nichts Gültiges mehr wahrnehmen zu können. Also hätte daher nicht ausgerechnet ich, der ich doch gerade erst durch die Aufgabe meiner Universal-Modulanlage in N im allerletzten Moment einem Größenwahn entgangen war, hätte ich nicht also doppelt skeptisch gegenüber der neuen Versuchung einer Sammlung sein müssen?

Zweifelsohne: ja. Aber wir sprechen hier von Leidenschaft. Und da sich nun einmal eine meiner latenten, strukturellen Leidenschaften (das Sammeln) mit einer

akuten, stofflichen (den Dampfloks) zu verbinden an-
schickte – welche Energie hätte ich aktivieren sollen,
um diese kraftstrotzende Allianz zu stoppen? Die Vernunft? Zu schwach. Die schlimmen Ahnungen? Längst
betäubt. Die warnenden Stimmen? In den Wind ge-
schlagen. Den Geiz? Kaltgestellt. Schließlich: das
schlechte Gewissen? Überhört, wie so oft.

Allerdings gelang es mir, mich zumindest vorerst
bedeckt zu halten (und alle zu täuschen). Den Sommer
über blieb ich in Bewegung. Bei Sonderfahrten machte
ich mir Rußflecken in ein paar helle Hemden. Ich lernte
weitere Museen kennen. Und bei einem denkwürdigen
Tag der offenen Tür ging für ein paar panische Minuten
mein kleiner Sohn verloren. Im Spätherbst war dann die
Freiluft-Dampflok-Saison zu Ende. Und im Dezember,
als zu Hause von der Modellbahn kaum noch die Rede
war, tauschte ich, klammheimlich und abermals unter
nicht ungelindem Draufzahlen, mein gesamtes rollendes
N-Material gegen die limitierte H0-S 10, also gegen die
»Schönheitskönigin«. Denn Sammlungen beginnt man
ja am besten von oben.

Kurz vor Weihnachten informierte ich meine Frau. Sie
trug es mit Fassung.

Noch einmal:
Was die anderen sagen

Apropos Frau: Könnte ich, vollkommen erschöpfend und zur allgemeinen Zufriedenheit, die Frage beantworten, warum die allermeisten Frauen die Modellbahn (und den Modellbahner) wie den Gottseibeiuns meiden, ich säße nicht hier und schriebe zum Beispiel dieses Buch, mir wären vielmehr die Ledersessel gerichtet in den Zentren der Macht oder zumindest in den Chefetagen internationaler marktlenkender Organisationen. Denn wer eine solche Frage beantworten kann, der schüttelt wohl gewinnbringende Weisheiten überhaupt nur so aus dem Ärmel. Ich *weiß* aber nicht, warum Frauen bis auf wenige Ausnahmen mit großen und kleinen Lokomotiven so wenig anfangen können, ich *erlebe* es nur, wenngleich bisweilen recht schmerzlich; und daher kann ich auch nur ein paar (hoffentlich nicht allzu blinde oder blauäugige) Vermutungen anstellen.

Doch vorab eine kleine Anekdote: Es war im Juli meines Museumssommers, irgendwo zwischen Bochum und Dresden. Blauer Himmel, 27 Grad. Vorführungen von 10 bis 18 Uhr. Auf den Führerständen der angeheizten Dampfloks drängen sich erwachsene Männer mit Alibi-Kindern an der Hand. Um die große Drehscheibe vor dem Lokschuppen steht es dicht gedrängt, und wenn eine neue Maschine herausgezogen und langsam gedreht wird, bekommt sie Applaus wie ein Model auf dem Laufsteg. Es riecht wieder nach Ruß und Öl. Wer nicht aufpaßt, dem fährt eine Feldbahn über die Füße. Irgendwo hinten, bei der Bekohlungsanlage, wird Erbsensuppe verteilt.

Gegen 18 Uhr breche ich auf. Da sitzen in der Nähe des Ausgangs zwei Frauen mittleren Alters auf einer Bank; unschwer zu ahnen, daß sie auf ihre Männer warten. Und als ich an ihnen vorbeikomme, höre ich, wie die eine laut aufstöhnt.

»Was ist?« sagt die andere besorgt.

»Ach«, die eine schüttelt langsam den Kopf, »ich will ja nun wirklich nichts sagen. Aber müssen die wirklich *jedes Jahr* schönes Wetter haben?«

Dies die Anekdote. Meine Lieblingserklärung für derlei Ausbrüche (und für manch andere Reaktionen) lautet nun so: Frauen begeistern sich nicht für die große und die kleine Bahn, weil sie nicht den Traum vom Ausgleich zwischen Mensch, Natur und Technik träumen. Oder weil sie ihn nicht träumen *wollen*. Mag sein, ihnen fehlt diese Hoffnung; dann wären sie zu bedauern. Mag sein, sie haben sich nie dieser trügerischen Illusion hingegeben; dann wären sie zu beneiden.

Doch woher rührt solche Nüchternheit gegenüber der Technik? Daß Frauen der Verstand dafür fehle, ist ein dummes Vorurteil, das längst zur Genüge widerlegt ist. Allerdings glaube ich an spezifische Unterschiede zwischen Mann und Frau. Und einer davon ist vielleicht, daß den allermeisten Frauen die Technik ein Instrument, nicht aber ein Selbstzweck, ein Ziel der Sehnsucht oder überhaupt eine Instanz ist, die man anders als funktional betrachten und zu der man sich anders als neutral verhalten könnte. Der österreichische

81

Schriftsteller Karl Kraus, der schon um 1910 vor den Gefahren des Straßenverkehrs warnte und zugleich eines der ersten Autos in Wien (von einem Chauffeur bedient) besaß, hat diese Haltung in den folgenden Aphorismus gefaßt: »Es gibt keine Dankbarkeit vor der Technik. Es hat erfunden zu werden.« Will sagen: es gebührt der Technik nichts von den Gefühlen, die einem Menschen gelten könnten; Dankbarkeit etwa, aber auch Sehnsucht und ganz besonders Leidenschaft sind, wenn es um Technik geht, fehl am Platze. »Es hat erfunden zu werden«, das heißt, die Technik ist ein neutraler, ein unpersönlicher Prozeß, der das Neue und hoffentlich Brauchbare(re) hervorbringen soll. Das könnte eine Frau gesagt haben.

Vielleicht rührt nun eine derart instrumentelle, unsentimentale Beziehung zur Technik noch aus dem sozialen Kontext des 19. Jahrhunderts, als alles Ingeniöse und Industrielle so ganz ausschließlich Männersache war. Und vielleicht hat sich damals ein schieres Nützlichkeitsdenken ohne sentimentalen Überbau als weibliche Abwehrhaltung gegen die übermächtige männliche Synthese von Technik, Fortschritt und Heilserwartung etabliert. Dafür spricht einiges. Und immerhin ist es bis heute die wirkungsvollste Maßnahme gegen ekstatische Technikbegeisterung, eine nüchterne Benutzer-Mentalität an den Tag zu legen. Wer sich der Technik zu verweigern versucht, der wird über kurz oder lang von der Fülle der »besseren Argumente« erschlagen werden. Hingegen nimmt man jedem Fanatismus am ehesten den Wind aus den Segeln, wenn man die Objekte seiner Leidenschaft kalten Herzens auf ihre Alltagstauglichkeit untersucht. Viel Schnickschnack, den eine männliche Apparate-Verliebtheit ins Haus bringt, verschwindet von dort nach dem weiblichen Warentest.

So also wäre der sehr verbreitete Widerstand von Frauen gegen die Modellbahnerei der Männer verständlich. Ihre Ablehnung würde dann weniger den kleinen Lokomotiven selbst als vielmehr einem allzu emotionalen Verhältnis zur Technik gelten. Und mancher Zwist auf der Schwelle zum häuslichen Bastelraum speiste sich gewissermaßen noch immer aus der alten Auseinandersetzung über den Status der Technik: Ersatzgott (er) oder nützlicher Diener (sie), Hoffnungsversprechen (er) oder Arbeitserleichterung (sie) – so lauteten dann die eigentlichen, die wesentlichen Fragen.

Leider werden diese wesentlichen Fragen nur sehr selten direkt behandelt, statt dessen trägt sich der kulturphilosophische Disput meistens auf allerlei Nebenkriegsschauplätzen aus: »Was kostet das?« »Wann kommst du endlich essen?« »Geht die Farbe wieder vom Tisch?« »Liebst du mich noch?« etc. etc. Was dagegen zu tun ist? Welche Maßnahmen zur Deeskalation im Hobbyraum am besten greifen? Ich weiß es nicht. Und kenne leider kein Patentrezept, ja, nicht einmal rühmliche Ausnahmen oder positive Beispiele. Sicher, manchmal erscheint in einer Fachzeitschrift der rührende Bericht von dem Ehepaar, das seit Jahren die Leidenschaft zur Modellbahn teilt. Er, so heißt es dann mit bedenklicher Regelmäßigkeit, sei dabei für den Lok- und Wagenpark sowie für Gleisplanung und Verdrahtung zuständig, während sie die (»liebevolle«) Ausstattung der Gleiszwischenräume übernommen habe.

Dazu ein Foto: Philemon und Baucis neben ihrer Platte.

Doch solche Geschichten sind erlogen, auch wenn sie stimmen. Denn sie nähren die Hoffnung, es könnte eine glückliche Modellbahnerei ohne natürlichen Widerstand geben. Und diese Hoffnung entspringt einem undialektischen Denken par excellence! Wenn es überhaupt ein Glück des Modellbahners gibt, so kann es nur eines sein, das er mit nicht ganz reinem Gewissen und in kleinen Portionen den widrigen Umständen abtrotzt, dem beengten Raum, dem technischen Unverstand, dem fast leeren Portemonnaie – und ganz besonders dem Einspruch der Mitmenschen. Gäbe es diesen Widerstand nicht, die Modellbahnerei wäre so, wie sie (zum Beispiel von betroffenen Frauen) immer wieder dargestellt wird: kleinlicher Größenwahn, gesammelte Selbstverliebtheit, Sentimentalität über schwarzen Fingernägeln.

Doch es gibt diesen Widerstand; und weil es ihn gibt, gibt es auch immer wieder die Chance, daß einer auf sein Gleisoval, auf seine Fertiglandschaft, auf seine Module oder auf die Parade seiner Lokomotiven schauen und dabei sehr gut wissen kann, daß das alles eitel und im Grunde eine einzige Anmaßung ist. –

Aber auch sehr schön.

Bahnland, eine Art Exposé

Was haben Sie denn da?
Ach, Sie sind es wieder! Das hier? Das ist gar nichts.
Ach was! Zeigen Sie mal her!
Ungern. Ich möchte es nicht aus der Hand geben.
Können Sie daraus vorlesen?
Wenn Sie mich darum bitten. Aber ich warne Sie! Es
fängt mit einer fachkundlichen Vorbemerkung an.
Bitte.
Also gut. Dann hören Sie zu!
Nach dem Zweiten Weltkrieg dauert es in beiden
deutschen Staaten noch etliche Jahre, bis sich heraus-
kristallisiert hat, welches die wichtigsten Maßstäbe
sind. Im Westen dominiert letztlich die H0-Spur (1:87),
daneben halten die N-Spur (1:160), die nur von Märklin
hergestellte Z-Spur (1:220) und Lehmanns Gartenbahn
(1:22,5) namhafte Umsatzanteile; außerdem gibt es in
sehr kleinen Auflagen Modelle anderer, größerer Spu-
ren. Im Osten herrscht weniger Vielfalt, hier teilt sich
die H0-Spur den Markt (der ja eigentlich keiner ist) mit
der TT-Spur (1:120), die im Westen seit 1970 so gut wie
gar nicht mehr vertreten ist. Dann fällt die Mauer. – Und
es wächst zusammen, was zusammen gehört.
*Achgottachgott! Was wächst denn da bitteschön zu-
sammen?*
Zum Beispiel die beiden Kleinstädte Westerende und
Osterode. Die haben, getrennt nur durch ein wenig Wald
und das kleine Flüßchen Barme, jahrhundertelang mehr

oder minder friedlich nebeneinander her gelebt und sich so viel oder so wenig um ihre Nachbarn geschert, wie das Nachbarn in aller Welt tun, wenn die allgemeinen Verhältnisse erträglich sind. Dann aber kamen *Schandmauer* und *antifaschistischer Schutzwall* und damit die Rede vom blutigen Schnitt durchs florierende Miteinander sowie von der naturgemäßen Trennung des Grundverschiedenen.

Im Frühjahr 1990, als die Mauer auch zwischen Westerende und Osterode schon mannsgroße Lücken hat, scheint es endlich ausgemacht, daß sich die Rede vom blutigen Schnitt auf beiden Seiten der Barme durchsetzen wird. Und so kommt es im Sommer desselben Jahres zu einer Aktion, die in der (beinahe wieder) ganzen Republik mit großer Aufmerksamkeit verfolgt wird. Auf Beschluß der zuständigen Gremien werden nämlich diejenigen Vereine aus Westerende und Osterode, die den gleichen Vereinsgegenstand haben und sich zu einem Zusammenschluß entscheiden können, mit großzügigen Schenkungen bedacht.

Nun geschieht es. Begleitet vom Beifall der Medien erklären sich die beiden Modellbahnclubs der Nachbarstädte als erste zur Fusion bereit. Und sie erhalten dafür auf unbestimmte Dauer das Nutzungsrecht an einer gut ausgestatteten Baracke, die am Rand des Waldes und knapp vor dem Ufer der Barme den ehemaligen Grenztruppen des Ostens als Unterkunft gedient hat. Dort, so erklären feierlich und Hand in Hand der Vorsitzende des ›Ersten Modellbahnclubs Westerende‹ und der Generalsekretär der ›Modelleisenbahngruppe Osterode Wladimir Iljitsch Lenin‹, will der neu gegründete Verein (noch ohne Namen) seine Mitglieder nun nicht einfach ihre Aktivitäten nebeneinander her betreiben lassen, sondern vielmehr ganz konzentriert den Aufbau einer gemeinsamen Vereinsanlage angehen.

Und hier begänne die eigentliche Geschichte. Denn als die Reporter und die Kamerateams abgezogen, die letzten Festreden gehalten und die letzten Sektflaschen geleert sind, sieht sich die Vollversammlung des namenlosen Vereins einem Jahrhundert-, ja einem Jahrtausendproblem gegenüber: Wie soll sie aussehen, die gemeinsame Anlage? Das will wohl erwogen sein. Denn hieß es nicht, die Augen der Welt seien auf dieses erste große Projekt der Wiedervereinigung gerichtet! Schon in einem Jahr wollen alle wiederkommen und sehen, ob nun auch wirklich zusammengewachsen ist, was zusammengehört.

Doch die Probleme sind Legion. Es beginnt mit dem Maßstab. Die Westerender waren eingeschworene H0er, doch in Osterode war aus Platzgründen in TT gebaut worden. Soll man nun den ganzen Fahrzeugpark Ost komplett zum Auslauf erklären? Weil (eine etwas zynische Begründung) demnächst mit dem Staat auch seine Markenprodukte und damit der notwendige Nachschub für die TT-Bahner verschwinden werde? Oder ist es nicht allererste Pflicht, zumal unter den Augen der Welt, das Spezifische des alten Ostens zu bewahren und der Industrie damit ein deutliches Zeichen zum sorgsamen Umgang mit den Ex-Ostkonsumenten zu geben?

Doch wenn man die TTler in ihrer Spur gewähren ließe, wie sie integrieren? Die Lösung könnte sein, daß der kleinere Maßstab im Hintergrund der Vereinsanlage einen Platz finden und damit zur perspektivischen Ver-

größerung des Ganzen beitragen könnte. Doch das hieße, ein leicht zu mißdeutendes Exempel schaffen. Der alte Osten im zweiten Glied, nur aus der Ferne zu goutieren, klein und am Rande? Oh nein, das würde nur allzu berechtigten Protest und Widerstand hervorrufen.

Außerdem, und schlimmer noch, hätte das Perspektiven-Modell zur Folge, daß man sich für eine konventionelle Platte zu entscheiden hätte, da sonst ein »Hinten« gar nicht zu positionieren wäre. Und hier meldet sich endlich der Widerstand des alten Westens. War man nicht vor einiger Zeit nach großen Kämpfen zur Modulbauweise übergegangen? Und bedeutete eine Rückkehr zur Platte nicht einen verhängnisvollen Schritt zurück in der eigenen Geschichte? Zurück zur Platte als dem Sinnbild bundesrepublikanischer Selbstgenügsamkeit, wenn nicht gar bundesrepublikanischen Alleinvertretungsanspruches! Nein, schon aus Gründen politischer Korrektheit darf auch das nicht sein.

Doch damit fangen die Sorgen erst an. Der nächste Streit entzündet sich an der Frage nach der Epoche, die abzubilden sei. Einigermaßen selbstgewiß hatten die Westler die Epoche II a vorgeschlagen, also die große Reichsbahnzeit der zwanziger und dreißiger Jahre. Das entspricht ihren eigenen Interessen, denn damals fuhren die schönsten Dampfloks. Ihre Argumentation geht freilich dahin, mit Epoche II a komme man dem Osten entgegen, denn dort habe ja der Lok- und Wagenpark dieser Zeit bis in die jüngste Vergangenheit überdauert. Von der Architektur ganz zu schweigen.

Allein, die Ostler fühlen sich alles andere als geschmeichelt! Nur eine kleine nostalgische Fraktion äußert in der Sache Interesse, räumt aber politische Vorbehalte ein. Die große Mehrheit hingegen plädiert für die Epoche V, sprich: für Züge mit allerneuester Hochgeschwindigkeitstechnik und für postmoderne Architektur. Und als eine radikalökologische Gruppe unter den Westlern im Gegenzug darauf dringt, man solle den Modellweichen ihre Elektroantriebe ausbauen und sie statt dessen wieder mit mechanischen Stellstangen bedienen, fordern postwendend die Ostler, schon leicht aufgebracht, eine totaldigitalisierte und computergesteuerte Anlage.

Und? Weiter!

Nichts weiter. Das war's. Nur eine Art Exposé oder vielleicht auch eine kleine Phantasie. Weitere Folgen könnten sein: die erste Weihnachtsfeier des Vereins vis-à-vis der gesammelten Improvisationen zu einer gesamtdeutschen Anlage; das Wochenende, das eine gemischte Delegation des (immer noch namenlosen) Vereins anläßlich einer Modellbahnmesse in der Hauptstadt zubringt; oder das lange Gespräch, das auf dem Weg durch das Wäldchen an der Barme ein alter Reichsbahner Ost mit dem 17jährigen Vereinsbenjamin West führt.

Und: Drehbeginn? Regie? Besetzung? Sendeplatz?

Ach, kein Gedanke! Ich bitte Sie: ein so »großes« Thema und ein so »winziger« Gegenstand –

– im Maßstab 1:87 verkleinert.

Sie sagen es. Und daher ist es wohl das Beste, ich lasse die Finger von der Sache.

Schade.

89

Das Modellbahnerjahr

Ja, vielleicht ist es wirklich schade drum. Aber ich muß zurück zu meiner Passion.

Nach etlichen Mutationen hatte sie also das Gesicht einer Sammlung von kleinen Lokomotiven angenommen; und von nun an realisierte sie sich ganz wesentlich im *Kauf* der sammlungswürdigen Stücke. Ich drücke das mit Absicht so distanziert aus. Wer wie ich in einem Jahrzehnt geprägt wurde, das den *Konsumterror* und mehr noch die Kritik daran erfand (die siebziger Jahre), der kann nicht ohne eine gewisse Scham zugeben, daß er die Objekte seiner Leidenschaft nicht in freier Landschaft findet oder wenigstens aus Naturmaterialien formt (wie der Ostwestfale), sondern sie – ganz banal und profan! – vom Fachhändler bezieht. Zu sehr ist mir und meinen Altersgenossen damals nahegelegt worden, alles bloß Käufliche und damit das ganze System von Industrie und Markt gründlich zu verachten.

Als Folge dieser schlimmen Indoktrination, oder besser: um die Schuld ihrer Lehrer abzuarbeiten, feilen heute viele Vierziger tagtäglich an Texten (lies: Ansprech-Konzepten), die den Mitverbrauchern das glückliche oder doch wenigstens einigermaßen entlastende Gefühl vermitteln sollen, die feuchten Reinigungstücher nicht einfach aus dem Regal genommen, sondern sie inmitten eines bezaubernd dschungelhaften Produktbiotops, überraschenderweise und urplötzlich, wie es dann heißt: »für sich entdeckt« zu haben.

In der Modellbahnbranche sind solch mehr oder minder komplizierte Strategien zur Verschleierung oder zur Mystifizierung des Kaufaktes allerdings zum Glück noch weitgehend unbekannt. Kein Hersteller ist bislang auf die Idee gekommen, dem Käufer einer H0-Lok eine weitreichende Verbesserung seines Lebensgefühls (*Wellness*) oder eine Aufwertung seiner sozialen Position zu versprechen. Vielmehr setzen die meisten Anzeigen ganz auf Sachlichkeit. Eine Rangierlok erscheint dort bloß als Rangierlok; ihre Bulligkeit im Maßstab 1:87 auf einem Hochglanzfoto zu zeigen, reicht in der Regel neben der Nennung einiger technischer Daten als Werbung ganz gut aus.

Wer nun allerdings glaubt, Herstellung, Verkauf und Erwerb kleiner Lokomotiven vollzögen sich ohne alle Rituale und in einem Klima vollkommener Nüchternheit, der irrt. Fast bin ich versucht zu sagen: Im Gegenteil! Denn während anderswo die Hersteller und die Verbraucher der Produkte recht weit voneinander entfernt agieren und zwischen ihnen nur die Marketinginstitute und Verbraucherorganisationen vermitteln, bilden alle, die am recht überschaubaren Gesamtsystem der Modellbahn beteiligt sind, eine hochkommunikative Gruppe, innerhalb derer es geradezu unablässig rauft und brodelt.

Medium dieses Raufens und Brodelns ist das halbe Dutzend monatlich erscheinender Zeitschriften. Die verstehen sich einerseits als Lobby der Käufer; und etwa durch Produkttests oder die jährlichen Fragen nach den Wunschmodellen ihrer Leser üben sie einen gewissen Druck auf die Hersteller aus. Andererseits

überwiegt in aller Regel das Lob der jeweils auf vielen bunten Seiten präsentierten Neuerscheinungen so deutlich die Kritik daran, daß die Zeitschriften als wichtiges Organ der Produktwerbung fungieren.

Doch die Zeitschriften beeinflussen nicht nur die Produktgestaltung und die Produktpalette. Ihre wichtigste Leistung ist es, das *Modellbahnerjahr* zu organisieren. Was ich damit meine: gesteuert durch die Zeitschriften gliedert und ordnet sich für den Modellbahner das Kalenderjahr ebenso deutlich wie für den Modebewußten, den Literaten oder den Gläubigen. Jede Jahreszeit kennt ihre Events, ihre Präsentationen und ihre Liturgien; jede lebt von einer besonderen Erwartung, oder sie feiert und betrauert besondere Ereignisse. Dabei ähnelt nach meiner Erfahrung das Modellbahnerjahr am meisten dem Kirchenjahr; denn während die neuen Kleider und die neuen Bücher immerhin zweimal im Jahr erscheinen, kennt der Modellbahner nur *ein* jährliches Großereignis, auf das sich all seine Aufmerksamkeit konzentriert. Ein wenig vereinfacht, vollzieht sich das Modellbahnerjahr wie folgt:

Es hebt an im Februar. Dann nämlich präsentieren die Hersteller auf der Spielwaren-Messe in Nürnberg ihre zuvor sorgsam geheimgehaltenen Neuheiten. Die Messe selbst ist zwar nur fürs Fachpublikum geöffnet, aber zeitgleich erscheinen kostenlose Prospekte und insbesondere die dicken Messe-Sonderhefte der Fachzeitschriften, in denen fast alle Neuheiten, viele erst als Prototyp oder Handmuster vorhanden, mit einem Bild und knappen Worten vorgestellt werden.

Die folgenden Wochen vergehen dem Modellbahner

mit angestrengtem und aufgeregt wortreichem Warten. Wieder über das Medium der Zeitschriften vermittelt, wird zunächst die Auswahl der Neuheiten diskutiert. Ein paar Beispiele für die in dieser Zeit meistgestellten Fragen: Warum in aller Welt ist das eigene Wunschmodell (ein in zwei Exemplaren zwischen 1907 und 1909 hergestellter Schneepflug einer oldenburgischen Privatbahn) auch dieses Jahr wieder nicht realisiert worden? Funktioniert die Werkspionage wirklich so schlecht, daß zwei Hersteller dieselbe DB-Neukonstruktion als Modell herausbringen mußten? Ist es unabdingbar, alle Beschriftungsvarianten einer Lokomotive zu besitzen? Und schließlich: Wer hat eigentlich genug Geld, um all dies, da es nun einmal da ist, auch zu kaufen?

Bis zum Sommer verebbt dann langsam die Erschütterung durch die Messe. Man widmet sich nun den verspätet ausgelieferten Neuheiten des vergangenen Jahres; in den Zeitschriften wird Platz geschaffen für das, was da kommen soll. Denn ab dem dritten Quartal werden die spektakulärsten Messe-Neuheiten nach und nach ausgeliefert. Manche erscheinen am Ende des Sommers, also zu einer Zeit, die mit ihrer Verlockung bzw. ihrem Anspruch, sich in der Freizeit *außerhalb* des Hauses aufzuhalten, für den Modellbahner eine schwierige Zeit ist. Gegen den Herbst hin verstärkt sich dann der Ausstoß. Nun wird in den Zeitschriften eingehend getestet und bewertet; und für den Modellbahner beginnt der Etat-Streß. Denn so er nicht bereits im Frühjahr gegen einen gewissen Rabatt die ein oder andere Neuerscheinung bei seinem Stamm-Händler fest vorbestellt hat, muß er nun einerseits die Preislisten der Versandhändler

daraufhin überprüfen, wo und wofür er sich wieder einmal beinahe ruinieren wird. Andererseits muß er in Erfahrung bringen, wo Restposten von Auslaufmodellen zu besonders günstigen Preisen angeboten werden und ob ihm also sein zähneknirschender Verzicht vor einigen Jahren nun tatsächlich die erhoffte Preisminderung einträgt.

Der Einzelhandel indes steht in den Wochenvor Weihnachten weitgehend im Zeichen des großen Geschäfts mit der Startpackung. Allerlei Elternteile wägen jetzt, teils ratlos, teils begeistert, die großformatigen Alles-inklusive-Kästen, während dabei die einschlägigen Erläuterungen der Fachverkäufer im allgemeinen Kaufrauschen untergehen. (Aber keiner erwarte von mir ein häßliches Wort über Startpackungen. Obwohl selbst ein gebranntes, das heißt: ein zu früh beschenktes Kind, bin ich der Startpackung gegenüber nicht satirisch gestimmt. Im Gegenteil. Denn heißt es nicht: Das Korn, das auf fruchtbaren Boden fällt usw. – Doch lassen wir das. Man kann von seiner Leidenschaft berichten, aber man soll keine Werbung dafür machen.)

Den eigentlichen Modellbahner, insbesondere den engagierten (was nicht immer heißt: den verbiesterten) Sammler sieht man in dieser Zeit eher selten. Nicht daß er die saisonbedingt überfüllten Nachschubquellen seiner Leidenschaft ganz und gar miede, doch fällt er da kaum auf. Längst kennt er sich ja im neuen Sortiment bestens aus, und nicht Informations- oder Kaufdrang, sondern andere, viel subtilere Gefühle treiben ihn hinaus und lassen ihn sich diskret verhalten.

Zum Beispiel die Qual des Verzichts. Die macht, daß

der Sammler immer wieder stumm und hochmelancholisch vor der Neuheiten-Vitrine steht. Er versucht sich daran zu erinnern, warum er eigentlich auf das wunderbare Messingmodell der bayerischen S 3/6 verzichtet hat. Wegen des Familienurlaubs? Wegen der Autoreparatur? Wegen der Zukunft überhaupt? Und wie leicht kann es dann geschehen, daß ihm vis-à-vis der glänzenden Schönheit urplötzlich alle seine Gründe grundlos erscheinen! Worauf er noch viel stummer wird.

Oder aber: der Modellbahner hat nicht verzichtet. Dann meidet er allen Trubel und erscheint erst sehr kurz vor Ladenschluß, um unter den Augen der abgespannten Verkäufer in aller Ruhe die schönste (soll ich sagen: die heiligste?) Stunde seines Modellbahnerjahres zu zelebrieren. Der Händler zieht zunächst einen Karton hervor; darin liegt das Objekt der Leidenschaft, im Frühjahr, also vor einer Ewigkeit bestellt. Der Händler öffnet den Karton. Die ersten, etwas nervösen Bemerkungen des Modellbahners gelten der vom Hersteller just neu eingeführten Schutzverpackung, die gewährleisten soll, daß auch das kleinste und fragilste Detail unbeschädigt bleibt. Dann endlich ist der Mechanismus verstanden und die Lok aus der Schachtel befreit.

Nun will der Händler sie auf sein Probegleis stellen, aber nein, der Modellbahner nimmt sie ihm aus der Hand. Er macht das selbst! Schon jetzt, da ihm die Lok noch nicht gehört, kann er nicht ertragen, daß jemand anderer sie auch nur berührt. Außerdem ist das erste Aufgleisen, ist das erste Drehen am Trafo eine Art Initiationsritual, das zu vollziehen nur dem Besitzer, will

sagen: dem wirklichen Liebhaber zusteht! Ruckelnd und stockend fährt die Lok an.

Der Motor sei noch nicht warm, sagt der Händler. Das hat er heute schon Hunderte Male gesagt. Und der Liebhaber hat es schon Hunderte Male gehört. Tatsächlich braucht ein kleiner Elektromotor ein paar Minuten, bis er Betriebstemperatur hat, und mit dem bißchen Hin und Her auf der Probestrecke wird die gar nicht erreicht werden können. Das weiß der Liebhaber. Und dennoch! Was er sehen muß, will er *jetzt* sehen. Noch hat er nicht bezahlt. Sprich, vor ihm liegen die wenigen, ebenso köstlichen wie nervenzerreißenden Minuten, in denen er zu entscheiden hat, ob dies der Beginn einer großen Liebe ist – oder ob er das teure Stück kalt retournieren wird.

Er beugt sich nahe darüber. Womöglich zieht er eine Lupe aus der Tasche. Denn die Fahreigenschaften sind gar nicht so wichtig, die lassen sich leicht verbessern, mit ein paar Tropfen Öl oder mit einem Spezialmotor. Aber da! Ist da die Angabe der Wassermenge am Tender ein wenig schwach gedruckt? Und hier! Ist hier ein winziger Kratzer auf dem ansonsten makellos seidenmatt schwarzglänzenden Dach des Führerhauses? Der Liebhaber geht vor der Probestrecke in die Knie: Oder haben vielleicht die vielen Fotos in den Zeitschriften und Katalogen am Ende doch gelogen? Sind die Nieten zu dick, ist die Zahl der Speichen nicht korrekt, eine Leitung an den Kessel gespritzt und nicht freistehend, die Pfeife statt aus Messing aus gelblichem Kunststoff? Und überhaupt, selbst wenn im strengen Test ermittelt wurde, daß alle Maße auf den Zehntelmillimeter genau im Verhältnis 1:87 vom Original aufs Modell verkleinert sind, so ist vielleicht dennoch der Gesamteindruck des Vorbilds nicht getroffen – und also das Ganze eine einzige, wenngleich teure Enttäuschung!

Noch ein paar Momente bleiben. Der Händler sieht schon auf die Uhr. Gut, der Sammler ist Stammkunde. Er wird bei Ladenschluß nicht vor die Tür gesetzt; und den Kredit, den er sich durch einige Spontankäufe während des Jahres erworben hat, wird er nicht verlieren, wenn er einmal von einer Vorbestellung zurücktritt. Dennoch steigt die Anspannung. Nicht der leiseste Zweifel darf jetzt stummgeredet werden; spätestens zu Hause, auf den zweiten Blick, wird aus einem kleinen Mißfallen ein großer Ärger. Andererseits, ein Ich-will-nochmal-drüber-schlafen kommt nicht in Frage! Entweder es wird eine Liebe auf den ersten (wenngleich genauen) Blick, oder es wird eine schale, halbherzige Beziehungskiste. It's now or never!

Fazit: 99 von 100 kaufen. Einer nicht, und der bereut es morgen.

Das eigentliche Weihnachtsfest bleibt übrigens auch im Modellbahnerjahr ein gewisser Höhepunkt. Denn niemals sonst fühlt sich der Liebhaber kleiner Lokomotiven so akzeptiert von seiner Umgebung, niemals sonst sind sowohl die allgemeine Toleranz als auch die spezielle gegenüber Männern mit »Spielzeugtick« so groß wie zwischen dem 24. und dem 26. Dezember. Und gelegentlich herrschen dann im Umkreis des Tannenbaums so viel Idylle und Harmonie wie sonst nur in der Plattenwelt.

Allerdings folgt in den kommenden Wochen eine

gewisse Frustrations-Phase. Die neuen Lokomotiven sind ausreichend probegefahren, mehrfach auseinandergenommen und (zuletzt erfolgreich) wieder zusammengesetzt, alle vorbildgerechten Zugbildungen sind realisiert worden. Ruhig stehen die Neuerwerbungen im Lokschuppen, im Depot oder in der Vitrine – und der Kummer über das allmähliche Verblassen der ersten Attraktion verwandelt sich in die brennende Neugier auf die Novitäten des nächsten Modellbahnerjahres.

Welches daraufhin prompt anbricht.

Was denn sammeln?

Als kleine Anknüpfung: Nach dem ruhmlosen Ende meiner so stürmisch begonnenen Modulbahner-Zeit hatte ich mich zu den großen Dampfrössern aufgemacht, um die für meine Leidenschaft überlebenswichtige Frage zu beantworten, was das *Schöne* an ihnen sei. Die Frage selbst ist mittlerweile, so hoffe ich, ausreichend beantwortet. Aber warum, so könnte einer, der dem Sammler im letzten Kapitel durch das Modellbahnerjahr gefolgt ist, ziemlich ketzerisch und nicht ganz ungerechtfertigt fragen, warum gibt es (und warum habe ich mittlerweile) so *viele* Modelle?

Ja, warum überhaupt mehr als eines? Ist nicht, nüchtern betrachtet, jede Dampflok bloß ein Ensemble aus den immer gleichen Teilen: Räder, Kessel, Schornstein, Steuerung, Führerhaus, Pfeife und Puffer? Und könnte man nicht ihr Funktionieren (und damit ihre Schönheit) an *jeder* Verkleinerung *jedes* x-beliebigen Vorbilds bestaunen?

Nüchtern betrachtet, müßte die Antwort auf diese Frage ein klares Ja sein. Doch ich kann und will das stetige Anwachsen meines Lokomotiven-Parks nicht ausschließlich durch den Hinweis auf mein Sammler-Gen erklären und darauf, daß Sammeln nun einmal das Anhäufen von Ähnlichem ist – und damit basta! So viel Selbstbewußtsein, oder sollte ich sagen: so viel Schnoddrigkeit im Umgang mit meiner Leidenschaft besitze ich nicht. Leider nicht. Hingegen plagen mich,

wie meine Geschichte gezeigt hat, immer wieder Zweifel. Und schon um diese Zweifel zu beschwichtigen, bin ich stets bereit, noch dem ketzerischsten Frager ausführlich Rede und Antwort zu stehen. (So wie man im Wald, wenn man sich ängstigt, vor sich hin pfeift.)

Außerdem stellt sich die Frage nach Sinn und Prinzip einer Sammlung nicht nur in der universell-moralischen Fassung des »Ist das eigentlich gut und richtig, was du da tust?«. Es gibt auch ausgesprochen praktische Aspekte. So muß ich zum Beispiel bei jeder Neuerscheinung und bei jeder (günstigen) Gelegenheit entscheiden, ob und wenn ja mit wieviel Berechtigung ein Neuling zu den anderen stoßen kann. Und wie jeder Sammler beziehe ich die Antwort auf solche Selbstbefragungen nicht ausschließlich aus meinem Portemonnaie. Denn das hieße ja, eine Leidenschaft nicht nach ihrem Ziel, sondern nach dem Grad ihrer Behinderung (das heißt nach dem fehlenden Vermögen) zu bestimmen. Wie kleinlich! Vielmehr muß der Sammler, gerade wenn er leicht verführbar ist, seine Sammlung unter ein möglichst strenges Prinzip stellen, damit der abwägenden Vernunft die Chance bleibt, zumindest gelegentlich die ansonsten ungezügelte Leidenschaft bändigen zu können. Will sagen: ich brauche eine Idee, eine Vorstellung, ein Motto – irgendetwas, das mir (und anderen, oh ja) meine Sammel-Passion ab und zu plausibel macht und das mich vor ihren schlimmsten Folgen schützt. (Zum Beispiel vor dem Bankrott!)

Doch das war in meinem Fall eine eher späte Einsicht. Zu Beginn meines Sammelns kam ich nämlich noch ganz gut ohne Prinzip aus. Es war im Grunde wieder eine schöne, weil ganz und gar unzergrübelte Zeit. Ich war von allen Weltenschöpfungsplänen und von ihrer aufwendigen Technik befreit, ich war aller Platzsorgen ledig, und ich mußte nicht mehr auf dem schmalen Grat zwischen naiver Bastelei und sentimentalischem Kunsthandwerk balancieren. Ich hatte statt dessen gewissermaßen die Hände frei, um den Ansprüchen meiner Leidenschaft jederzeit durch einen eleganten Griff ins Portemonnaie gehorchen zu können.

Und so kaufte ich also spontan, was mir aus Gründen, die ich nicht kannte, besonders gefiel. Bald standen in meiner Vitrine u.a.: eine württembergische Schnellzug-Lok der Klasse C (»Die schöne Württembergerin«) neben einer bayerischen Nebenbahn-Lokomotive der Baureihe PtL 2/2 (»Das Glaskaschterl«), eine elegante österreichische Tenderlok der Baureihe 629 neben einer sächsischen Gelenk-Lokomotive für kurvenreiche Steigungsstrecken (»Die Kreuzspinne«) und eine kleine preußische Lokomotive mit zwei Achsen und angebautem Gepäckabteil aus dem Jahr 1880 neben einem Neubau aus den fünfziger Jahren. Eine abwechslungsreiche Sammlung, ohne Zweifel, und ein sprechendes Dokument der ungezügelten Leidenschaft ihres Besitzers!

Doch zunehmend wurde mir vor meiner Vitrine ein wenig mulmig. Sicher, so hätte ich mich entschuldigen können, die Geschmäcker sind nun mal wild und verschieden. Auch in der Modellbahnerei. Das hatte ich bei der Lektüre von Leserbriefen in Modellbahnzeitschriften und beim Belauschen von Gesprächen auf Tauschbörsen, in Museen und Geschäften erfahren kön-

nen. So versetzen etwa den Modellbahner A die sächsischen Schmalspur-Lokomotiven in Begeisterung (und will er daher alle als Modell haben). Sein Nachbar B hingegen schwärmt für die schnellen Reichsbahn-Lokomotiven der Baureihen 01 und 03; und in den sächsischen Kleinloks sieht er nur Kohlenkästen auf Kinderwagenrädern. Was wiederum A im Gegenzug die Schnellzug-Loks als uniform-gigantomanische, aus allerlei Normteilen zusammengeschweißte, seelenlose Geräte abtun läßt.

Doch auf die Dauer vermochte ich mich mit dem Hinweis auf die Freiheit des Geschmacks nicht über das Krause meiner eigenen Sammlung hinwegzutrösten. Und ich begann ernsthaft zu fürchten, sie könne doch nur ein Sammelsurium werden, der materiale Niederschlag einer niemals abzuschließenden Suche nach der einen, ganz besonders begehrenswerten Lokomotive. Wobei die Vitrine dann die Asservatenkammer jener unglücklichen Suche wäre, vor der ich recht bald nur noch säße, um leicht melancholisch über die bisherigen Irrtümer zu sinnieren. Und es mag zwar sein, daß meine bisherige Sammel-Unmethode dem Wesen der Leidenschaft ganz angemessen war, gewissermaßen als ein permanentes *trial-and-error*-Verfahren. Aber es war beileibe keine billige Methode! Und es fehlte ihr auch ein wenig, ich entschuldige mich für das schlimme Wort: die Intelligenz. Also begann ich mich sehr drängend zu fragen, was ich anderes tun könnte, als der jeweils nächsten Lokomotive, die mir den Kopf verdrehte, nachzulaufen (und sie zu kaufen).

Was schließlich den Anstoß dafür gab, daß meine

Sammlung heute so ist, wie sie ist, das klingt simpel: es war ein Beleuchtungsproblem. Die meisten Dampflokomotiven und also auch ihre Modelle sind nämlich bis auf die Räder schwarz; und daher sind ihre Feinheiten und Details einzig bei gutem Licht, ja bei sehr gutem Licht zu erkennen. Nur die sogenannten Länderbahn-Lokomotiven, das heißt die Maschinen aus der Zeit vor der Gründung der Deutschen Reichsbahn in den zwanziger Jahren, sind viel heller, meist in Grüntönen lackiert, und dadurch heben sich die vielen Leitungen, Ventile und Griffstangen deutlicher vom Untergrund ab. Außerdem haben die Länderbahn-Loks farbige Kesselringe und aufwendige Zierlinien am Führerhaus. Man ist versucht zu sagen: sehr schön! Meine Frau jedenfalls sagte: »Immerhin schöner als die dummen Schwarzen.« Und daher beschloß ich, ohne daß dabei Nostalgie oder gar Patriotismus eine besondere Rolle gespielt hätten, ab sofort preußische Dampfloks zu sammeln. Also braungrüne Loks mit braunroten Rädern, schwarzer Rauchkammer und (wenn irgend möglich) mit rot-schwarzen Zierlinien.

Solche Wege geht die Leidenschaft. Wer ohne ist, der versuche ruhig die erste hämische Bemerkung. Und auf die Gefahr hin, mich auch noch zum Anwalt des Teufels, der mich reitet, zu machen, behaupte ich hier gegen allen Spott und in vollem Ernst, daß dieser ziemlich willkürliche Akt ihrer Reglementierung meiner Leidenschaft sehr zugute kam. Denn fortan wußte ich nicht nur, was genau mich zu interessieren hatte und was nicht. Das neue Sammelgebiet war überdies auch denkbar gut gewählt. Warum?

Darum! Die Königlich Preußische Eisenbahnverwaltung (KPEV) hatte seit den 1880er Jahren selbst versucht, ihren recht bunten Bestand an Lokomotiven, den sie von etlichen Privatbahnen übernommen hatte, möglichst weitgehend zu normieren. Das ist zwar nie ganz gelungen, doch immerhin ist es in den jeweiligen Lokomotiv-Gattungen (für Schnellzüge, Personenzüge, Güterzüge usw.) zu einer Art genealogischer Abfolge gekommen, in der sich die jeweils neueste Type nur mit einem preußisch sparsamen, bestenfalls mittelgroßen Entwicklungssprung von ihrer Vorgängerin absetzte. Der technische Fortschritt im Lokomotivenbau und die Prosperität des Gesamtsystems Eisenbahn sind daher an diesen Abfolgen auch für den Halb-Laien, also ohne eine allzu intime Kenntnis vom Innenleben der Maschinen, deutlich erkennbar. Und als ich nun, um ein Beispiel zu nennen, fünf (oder waren es schon sieben?) der etwa 20 preußischen Tenderlokomotiven (nur die Hauptklassen gezählt) vor mir aufbauen konnte, stellte sich neben dem Besitzerstolz auch so etwas wie die ganz besondere Genugtuung ein, die der Schmetterlings-Sammler empfindet, der vor sich je ein Exemplar der 35 einheimischen Arten der Familie des Zahnspinners liegen sieht.

Doch wie eine solche Genugtuung erklären? Und wie sie anderen vermitteln? Ich bin damit – weiß Gott! – schon oft gescheitert. Und ich kann ja auch dem besten Freund nicht wirklich böse sein, wenn er vor meiner Vitrine zwar mit etwas Hilfestellung bemerkt, daß die T 9 durch ihre zusätzliche Vorlaufachse der T 8 an Laufruhe überlegen ist, anschließend aber durchaus

Miene macht, sich von solchen und ähnlichen Wahrnehmungen so gut wie gar nicht begeistern zu lassen. Und wenn ich selbst inzwischen beim Anblick der Ursprungsausführung der kleinen T 3 mit Reglerdom und hinten schrägem Führerhaus so etwas wie Rührung, hingegen beim Anblick der ersten P 8 mit Windschneide-Führerhaus so etwas wie Ehrfurcht empfinde, dann tue ich wahrscheinlich ganz gut daran, niemals auch nur zu hoffen, ich könnte diese Empfindungen jemandem, an dem mir liegt, mitteilen oder sie gar mit ihm teilen.

Viel lieber will ich daher glauben: meine Sprachlosigkeit ist ein Anzeichen dafür, daß ich mich momentan im stillen Zentrum meiner Leidenschaft befinde. Und in einem solchen läuft man Gefahr, manches zu beschädigen, indem man es allzu aufwendig erklärt. Nicht daß ich glaube, es gebe diese Erklärungen nicht; damit würde ich mein eigenes Metier verraten. Doch wo lernt man besser als in der Literatur, wie beredt gerade ein Verstummen sein kann! – Allenfalls, und damit es für alle Radikalaufgeklärten nicht gar zu unbefriedigend bleibt, könnte ich vielleicht noch versuchen, dieses Kapitel mit einer kleinen Geschichte zu beenden und auf deren Anschaulichkeit zu vertrauen.

Es ist die Geschichte meines Lieblings unter den preußischen Tenderlokomotiven: der T 16 (4zyl. Vbd.), die niemals in Serie ging. Diese Lokomotive wurde 1904 von der Firma Henschel entwickelt und in einem Prototyp hergestellt, der, wie es in der Fachliteratur heißt, »seiner Zeit um reichliche 20 Jahre vorausgeeilt« war. Dieser Entwicklungsschub läßt sich auch dem Laien

ohne Mühe erklären. Die T 16 war nämlich wie eine moderne Elektrolok fast vollkommen symmetrisch gebaut, um beim Vorwärts- wie beim Rückwärtsfahren gleich gute Eigenschaften zu haben. Zudem besaß sie an beiden Enden ein Führerhaus; dem Personal war damit der beste Blick auf die Strecke ermöglicht, und die Lok mußte nicht mehr gewendet werden. Schließlich waren diese beiden Führerhäuser vorne windschnittig gestaltet und sehr eng an den Kessel angebaut, so daß sich eine gewisse Stromlinienform ergab. Tatsächlich ein enormer Entwicklungsschritt.

Doch bereits der Anblick der Maschine kann nur befremden. Sie ist ein Dampfroß mit zwei Köpfen, also eine monströse Mißgestalt. Jede Bewegung, so denkt man schon angesichts der stehenden Lok, muß sie zerdrücken, streben doch die beiden Enden dieses Janus-Vehikels in verschiedene Richtungen. Die Ästhetik der Dampflok ist nun einmal ohne ein »Vorne« und ein »Hinten« nicht zu denken, und daher wirkt die T 16 im Gegensatz zu ihrer funktionalen Konstruktion nicht nur zugleich doppelköpfig und gesichtslos, sondern auch kraftlos und plump.

Welch seltsamer, aber hochinteressanter Zufall nun, daß dieser ebenso revolutionären wie monströsen Maschine eine geradezu peinliche Geschichte beschieden war! Zuerst wurde sie nicht, wie geplant, rechtzeitig zur Weltausstellung in St. Louis fertig. Und dann verrechneten sich die Konstrukteure fatalerweise beim Gesamtgewicht um 15 Tonnen; die Lok war viel zu schwer für die königlich preußischen Eisenbahntrassen, sie erhielt keine Zulassung und wurde vom Staat nicht übernommen. Niemals wirklich getestet, wurde das teure Einzelstück irgendwo abgestellt. Seine weitere Geschichte liegt im dunkeln. Wahrscheinlich sei sie, so heißt es, langsam verrostet und endlich abgewrackt worden. Manche sagen allerdings auch, sie sei 1919 als Reparationsleistung nach Frankreich gegangen.

Ich will der T 16 die Frankreich-Variante von Herzen wünschen. Denn mag sie auch häßlich sein und die Normen verletzt haben, so kenne ich doch kaum ein (im Wortsinne) anschaulicheres Beispiel für eine *technische Mutation* und ihre Folgen. Außerdem erscheint in der Gestalt der doppelköpfigen T 16, ebenso wie in ihrer Geschichte, das ganze 19. Jahrhundert als eine Zeit, in der die verschiedensten Kräfte miteinander kämpften: der Furor des Erfinders gegen den Normglauben des Bürokraten, Zweckversessenheit gegen Formbegeisterung, Tradition gegen Moderne. Endlos kann man sich in eines der wenigen Bilder, die es von dieser merkwürdigen Maschine gibt, versenken – und dabei jenem Zeit- oder Lebensgefühl nachzuspüren versuchen, welches herrschte, kurz bevor alles in die Katastrophe des 20. Jahrhunderts sank.

Für ein Modell der T 16 würde ich sonstwas geben!

Händler und Dealer

Als ich im vorletzten Kapitel den Weg durch das Modellbahnerjahr beschrieb, ist vielleicht der Eindruck entstanden, daß die Magie des Erwerbs kleiner Lokomotiven sich nur in den wenigen Augenblicken ganz entfaltet, die der Kunde zusammen mit einer Neuerwerbung im Geschäft zubringt. Wäre, so könnte man also fragen, eine solche Hochzeit nicht auch zu Hause denkbar? Und sind nicht für den versierten Modellbahner, der sich aus Katalogen und Zeitschriften vollständig zusammenstellen kann, was sein Herz im Herbst begehrt, die »richtigen« Geschäfte im Grunde reizlos? Genügte ihm nicht eine Hotline oder eine Mail-Box, in die er nebst der eigenen Erkennungsnummer (PIN) bloß die Bestellnummern der Desiderate eingäbe, damit die Post den Rest besorgte?

Die Antwort lautet: Ja und Nein.

Zunächst zum Ja. Tatsächlich wird ein großer Teil des Branchenumsatzes in den Modellbahn-Abteilungen der Warenhäuser oder der großen Spielwaren-Kaufhäuser erzielt, wo die Startpackung deutlich dominiert und der eigentliche Modellbahner selten anzutreffen ist. Solche Abteilungen sind mit starrem Blick auf das Allergängigste eingerichtet, sie werden geführt wie die Bestell-Filiale eines Versandhauses, und ihr Charme erreicht mühelos den einer Materialausgabe im Krankenhaus. Kaum daß dort irgendeines der Modelle die nach Bestellnummern gestapelten Packungen verließe.

Geschweige denn, daß irgendwo eine kleine Schau-Anlage demonstrierte, wie ungemein gut sich die flammneue und knatschgelbe bayerische Mallett auf der 21-Meter-Drehscheibe vor einem verrußten Lok-schuppen macht. Und wenn es überhaupt noch eine Alibi-Vitrine für »Gelegenheiten« gibt, so stauben darin zwei unmerklich reduzierte Auslaufmodelle vor sich hin.

Entsprechend geschult ist dort das Personal. Nach meiner Erfahrung unterhalten die allermeisten Verkäufer und Verkäuferinnen von Backwaren, Textilien, Auto-Ersatzteilen und dergleichen ein innigeres Verhältnis zu ihrer Ware als die jungen Männer, die sich inmitten der gut verpackten Modell-Schönheiten offenkundig zu Tode langweilen. Ausgesucht werden sie vermutlich nach der Größe ihrer Abneigung gegen alles, was mit Eisenbahn zu tun hat. Und ihr Desinteresse wird nur selten vom Berufsethos beeinträchtigt. Fragt man etwa einen von ihnen, ob die neue Dampfspeicherlok der Firma XY schon ausgeliefert sei, so läßt sich in seiner schweigenden Physiognomie lesen, wie unerträglich ihm bereits der Gedanke ist, sich einprägen zu müssen, was eine Dampfspeicherlok sei. Erst wenn man dem unbewegten Antlitz die Bestellnummer des Gewünschten zuflüstert, erklärt sich in der Regel der anhängende Körper bereit, eben diese Nummer in den Haus-PC einzugeben. Hat man die Nummer nicht parat, erwischt aber einen glücklichen Tag, dann legt einem der Körper den Firmenkatalog auf den Tresen und man darf die Nummer selbst ermitteln. Gelegentlich aber muß man mit einem Achselzucken vorliebnehmen. Es ist, ich sage es offen, zum Grausen!

Doch nun zum Nein. Denn ganz andere als solch traurige Zustände darf der Modellbahner in jenen selbständigen Geschäften erwarten, deren Besitzer und Betreiber Männer in den oder eher jenseits der sogenannten besten Jahre sind. Auch sie mögen zwar einmal angetreten sein, zum Zwecke des Gelderwerbs den Geschmack und die Wünsche der Mehrheit zu bedienen. Aber diese Männer sind in der Regel nicht nur Fachleute, vielmehr decken sich bei ihnen Beruf und Leidenschaft. Und so haben sie ihren Laden im Laufe der Jahre zum zweiten Zuhause gemacht. Mehr noch, wie Könige oder Raubritter residieren sie inmitten ihrer Schätze.

In solchen Läden kann man nun aus der Nähe betrachten, was man noch in keinem Katalog gesehen hat. Denn oft hegen die Inhaber ureigene Vorlieben, die sich in ihrem Angebot niederschlagen. Und also stehen da sündhaft teure Kleinserienmodelle, von denen nur wenige Exemplare gefertigt worden sind, Bausätze untergegangener Hersteller, obskure Lackierungsvarianten, exotische Importe. Allerdings ist gleich einzuräumen, daß die Herren über solche Reiche im menschlichen Umgang nicht gerade die konziliantesten sind. Und während der junge Mann aus der Modellbahn-Abteilung des SB-Kaufhauses kaum den Unterschied zwischen einer Dampf- und einer Diesellok kennt, muß man bei dem alten Hasen schnell einen ironischen bis sarkastischen Rüffel einstecken, wenn man nicht präzise genau nach einem bestimmten Objekt fragt oder wenn man gar ein technisches Detail beim falschen Namen nennt.

Ich selbst habe mich seit meinem ersten Tanzkurs (September 1972) selten wieder so klein, unwissend und unwichtig, ja geradezu nichtig gefühlt wie in den Momenten, da ich in einem solchen Laden ansetzen wollte, den dort residierenden Guru in Flanellhemd und Hosenträgern nach Typ und Preis einer mir bislang unbekannten Nebenbahn-Schönheit zu fragen. Denn selbst wenn das Objekt käuflich war, und das war es (leider!) nicht immer, fiel die Antwort doch nie ohne einen überdeutlichen Hinweis darauf aus, daß ich bei Lichte betrachtet wahrscheinlich zu blöd oder zu unwürdig für einen solchen Besitz sei. Besonders peinigend sind solche Zurechtweisungen übrigens, da in den besagten Läden rund um den Herrn der Lokomotiven häufig eine Kamarilla von Vasallen und Claqueuren wuselt. Sie besteht in der Regel aus dem Besitzer gleichaltrigen, wenngleich wesentlich beschäftigungslosen Männern, die er als Publikum seiner Kundenabstrafungen um sich duldet und die als Gegenleistung jeder seiner Attacken hemmungslos Beifall zollen. Ob es Modellbahner sind, entzieht sich meiner Kenntnis.

Vollends zu sich selbst kommt die Passion des Modellbahn-Erwerbs allerdings erst in den reinen Gebrauchtartikelläden, von denen es nicht einmal in jeder größeren Stadt mehr einen gibt. Hier nun wesen diejenigen unter den vorab beschriebenen Gurus, die sich, aus welchen Gründen auch immer, irgendwann einmal aus dem Nürnberger Neuheiten-Kreisel, aus dem Sortiment und oft genug aus der Welt überhaupt verabschiedet haben. Der Laden ist nicht mehr ihr zweites, er ist ihr eigentliches Zuhause; oft riecht es darin nicht ganz

frisch, im winzigen Hinterzimmer steht vielleicht ein durchgelegenes Bett, ganz sicher aber ein kleiner, ölverschmierter Werktisch. Das Angebot im Laden ist zweifellos geordnet, allerdings kennt nur der Inhaber die Ordnung, und er teilt sie niemandem mit, auch nicht auf Anfrage. Manche Regale sind zum Bersten voll; ein Ding herauszunehmen heißt riskieren, daß alles herunterfällt. Anderswo steht gar nichts, wenngleich unter Glas. Gelegentlich hat dieses Chaos allerdings auch Methode, bzw. ist es Methode. Einer der wenigen jüngeren Gebrauchthändler verriet mir einmal, ein gewisses Durcheinander erhöhe die Verweildauer der Kunden in seinem Laden, und so steigere er den Umsatz. Doch ich glaube, solche Überlegungen sind den älteren Herrn des Metiers fremd; letztlich betrachten sie wohl ihren Laden als ihr Wohnzimmer und jeden Kunden darin als Störung.

Abenteuerlicher noch als die Suche nach etwas Begehrtem kann sich im Gebrauchtladen die Verhandlung über den Preis gestalten. Zwar ist das Allermeiste ja tatsächlich käuflich, doch der Betreiber hegt ein sehr eigensinniges Verhältnis zu seinen Dingen und ihrem Wert – und in aller Regel ein ganz anderes als sein Kunde. So will er etwa ein kleines Vermögen für eine elend abgespielte Lok aus den sechziger Jahren haben, mag sein weil er weiß, daß einer seiner gelegentlichen Kunden, Namen sind ihm unbekannt, gerade nach diesem Stück sucht. Doch andererseits gibt er ein nur ganz wenig ramponiertes Kleinserienmodell unerwarteterweise für einen Spottpreis her, bloß weil es sich bei der Probevorführung zu laufen weigert, was ihn in seiner

Berufsehre kränkt. Man kann also, wenn man Ausdauer und Rückgrat besitzt, Funde machen. Schmutzige Finger holt man sich immer.

Ich fürchte allerdings, solche Gebrauchthändler sind wie die Buch-Antiquare traditioneller Prägung eine aussterbende Art. Nicht etwa, daß der Handel mit schon einmal gefahrenen Loks und Waggons zurückginge. Im Gegenteil, die nicht ganz so rosigen Zeiten befördern ihn sogar; und manch schöne Sammlung wird nicht nur wegen eines Spurwechsels aufgelöst! Doch den Zweite-Hand-Markt haben in den letzten Jahren die professionell organisierten Spielzeug- und Modellbahn-Börsen sehr weitgehend okkupiert; und die Anbieter dort sind oft genug von ganz anderem Schlag als der in seiner Schatzkammer hausende Antiquar. Statt eines geheimnisvollen und verlockenden Sammelsuriums präsentieren sie eine gut sortierte Kollektion von Neu-, Halbneu- und Gebrauchtware in transportablen Behältern, alles ist in Anlehnung an die aktuellen Kataloge ausgepreist, ein Handeln ist zwar in der Regel möglich, doch scheint mir die Verhandlungsspanne vielfach schon in den Grundpreis eingerechnet. Dergestalt haben sich die Börsen beinahe zu Ersatz-Fachhandlungen entwickelt, wo man, selbst unter Zurechnung der Kosten für die Anfahrt, alles momentan Gängige zu Preisen von 70 bis 80 Prozent des Ladendurchschnitts erhält. Manche der Händler dort verfahren sogar bereits im Stile hochmodern ausgerüsteter Makler. Einen sah ich jedenfalls unlängst, wie er die Angebote seiner Kollegen begutachtete und deren Daten und Preise via Handy seinen Kunden durchgab, woraufhin er gegen Provision Käufe vornahm.

Trotz solcher Professionalisierungen vermag ich es allerdings kaum, auch nur eine einzige erreichbare Börse ohne Wehmut auszulassen. Dabei kenne ich das Angebot rund um meinen Wohnort mittlerweile ganz gut, oft genug fällt mir ein Beinahe-Desiderat zum wiederholten Male in die Hände. Doch Sammeln heißt ja auch: wider alles bessere Wissen und wider alle schlechte Erfahrung die Hoffnung niemals aufgeben. Wer sammelt, spekuliert auf ein etwas paradoxes Geschäft mit Fortuna: als Lohn für sein unbeirrt systematisches Suchen erhofft er sich den ganz und gar zufälligen, den überglücklichen Fund!

Außerdem üben die Börsen ebenso wie die Grüfte der Antiquare auf mich einen Reiz aus, der weit über die Hoffnung auf günstigen Erwerb hinausgeht. Es beginnt schon am Eingang: farbig dekorierter Sichtbeton; die riesigen Foyers der mit gutem Mut in die neue Zeit gebauten Stadthallen und Bürgerhäuser; und dahinter ihre freundlich holzverkleideten Säle, in denen mehr Demokratie zu wagen war. Es gibt einen Stempel auf die Hand, damit man wiederkommen darf, und auf Betreiben des Veranstalters preiswerte Käse-Schnittchen, mit Salzstangen dekoriert.

Ich gehe langsam durch die Reihen. Die Arrangements der Dinge auf den Tapeziertischen sprechen Bände. Manche Mienen tun es auch. Skurrile Nachbarschaften laden zum Nachdenken ein. Was etwa werden sie sich an diesem Sonntag sechs Verkaufsstunden lang zu sagen haben: der forsche Märklinist hinter seiner Neuware und nebenan der Herr mit dem Sortiment selbstgebastelter Ladegüter für die Spur Z; der schnauzbärtige Herr aus England mit seinen entzückend bunt bemalten Weißmetall-Lokomotiven und daneben das Ehepaar von der Nordseeküste mit dem Zubehör für die Wangerooger Hafenbahn im Maßstab H0e? Wer da unbemerkt lauschen dürfte!

Selbst reden kann ich natürlich auch. Ich kann Kaufgespräche führen. Ich kann mich, sei es bei bloß geheucheltem, sei es bei halbwegs echtem Interesse, umschmeicheln und bedrohen, kann meinen Geschmack loben oder verspotten lassen. Ich kann aber auch, wenn da wirklich einmal etwas ist – und es ist so oft etwas da! – mit einem Schlag die Aufregung ansteigen spüren. Wird die Sache kosten, was sie mir wert ist? – Dann wäre sie zu teuer. Wird sie weniger kosten? – Dann muß ich dennoch handeln, um nicht das Gesicht zu verlieren. Nehmen wir als Beispiel den folgenden Fall.

Mit einem Blick habe ich die unscheinbare Lokomotive unter etlichen anderen in der Lade entdeckt, in der auf grünem Schaumstoff die Modelle liegen, deren Verpackung verloren gegangen ist. Und gleich weiß ich: noch nie gesehen. Aber holla! – Es könnte eine preußische T 2 sein, vielleicht von einem mir bislang unbekannten Kleinserienhersteller in 20 Exemplaren gebaut. Fünf panische Minuten vergehen, bis der Händler ein Verkaufsgespräch mit einem anderen Kunden abgeschlossen hat und ich sicher sein kann, es ging dabei nicht um das kleine Ding. Fünf Minuten, in denen ich freilich alles andere als Panik ausstrahlen darf. Endlich ein Kopfnicken, aha, ich habe seine Aufmerksamkeit. Nun eine lässige, fast abschätzige Handbewegung: Von welcher Firma die denn da sei? Ja, die hier.

Der Händler scheint es selbst nicht auf Anhieb zu wissen. Er nimmt die Lok aus der Lade.

Vorsicht! möchte ich rufen. Was immer bislang mit dem Ding passiert ist, ist Geschichte. Aber jetzt soll mir nichts mehr daran verbogen werden.

Ach ja, sagt der Händler, die habe jemand selbst aus allerlei Teilen zusammengebaut.

So so, sagte ich. Und es sieht nach verdammt guter Arbeit aus. Das sage ich natürlich nicht. Jetzt bloß nichts anmerken lassen. Selbstbau? sage ich. Es muß klingen wie etwas Unanständiges. Und was soll die kosten?

Er nennt einen Preis; und ich weiß, ich bin verloren. Die rechte Hand greift zum Portemonnaie, doch ich kann den Impuls rechtzeitig unterbrechen. Nicht das Gesicht verlieren! Wenn ein Triumph, dann einer mit allen Extras. Ich räuspere mich: Und die soll auch fahren können? Mit leicht hämischem Unterton.

Der Händler zuckt die Achseln und bietet eine Probefahrt an. Zusammen gehen wir zu der Teststrecke, die der Veranstalter neben der Schnittchen-Theke aufgebaut hat, und reihen uns dort in die Schlange. Jetzt heißt es: kein Wort sagen. Wer als erster soziales Verhalten zeigt, ist der schwächere.

Wie denn die Geschäfte gehen? frage ich schweißgebadet nach fünf Minuten. Der Händler zuckt wieder die Achseln. Damit liegt er klar in Führung.

Endlich sind wir an der Reihe. Nach dem Aufgleisen ruckelt die Kleine an, Motor und Zahnräder arbeiten sich durch staubgesättigtes, verharztes Öl und gegen den Widerstand leicht verbogener Steuerungsteile. Nach zwanzig Zentimetern entgleist sie, und es hagelt bitterste Bemerkungen derer, die die Teststrecke umlagern. Lebhaftes Abraten. Der Händler weiß keinen Rat und pustet einmal ins Getriebe. Jetzt schweige ich und mache Boden gut. Gemeinsam gehen wir zurück zum Stand.

Tja, sagt der Händler, es sei wohl doch mehr ein Liebhaberstück.

Für Liebhaber von Loks, die nicht fahren? sage ich, und Humphrey Bogart klopft mir anerkennend auf die Schulter. Jetzt, als äußerstes Mittel, eine leichte Wendung des Oberkörpers, so als wollte ich gleich »Tschüs« oder dergleichen sagen.

Moment! ruft der Händler. Das mit dem Fahren sei kein Problem, das kriege er schon wieder hin, und dann könne er sie mir schicken.

Schicken? Wollte ich noch gelangweilter erscheinen, müßte ich gähnen. Gott, nein, das nun aber nicht, schicken sei so lästig. Der Wendung des Oberkörpers folgt die Andeutung eines Schrittes. Muß ganz gut aussehen – dabei bin ich längst mit den Nerven am Ende. Warum in drei Teufels Namen geht dieser Kerl nicht noch zwanzig Mark runter und macht das Geschäft! Wer außer dem Verrückten, der da vor ihm steht, wird sich in diesem Leben noch für die pingelige Bastelei eines Unbekannten interessieren?

Na gut, sagt der Händler, zehn Mark könne er nachlassen.

Einverstanden! rufe ich. – Und das kommt natürlich wieder zu schnell, zu aufgeregt, zu – ja, zu dankbar. Wird man denn eigentlich nie erwachsen? Es ist furchtbar!

Und jetzt rasch nach Hause.

Hand daran legen

Denn zu Hause angekommen, vollzog sich an diesem regnerischen Börsensonntagnachmittag die bislang letzte Metamorphose meiner Leidenschaft für die Modelleisenbahn. Doch keine Bange, so sagte ich damals auch zu meiner Frau, diesmal muß nichts aufgegeben und umgeworfen werden. In der Sache ändert sich wenig.

Was war geschehen? Nun, ich hatte das eben gekaufte Modell zerlegt und gesäubert, und als unter einer etwas zu harten Bürste hier und da ein wenig Farbe absplitterte, entdeckte sich mir, wie es zu diesem Einzelstück gekommen war. Offenbar wurden von irgendwem Teile aus Messing und anderen Metallen gefertigt, mit denen sich die Fahrzeuge der großen Hersteller in andere Typen umbauen ließen. Das war mir damals noch neu, aber es schien mir sofort interessant, sehr interessant sogar. Kurz entschlossen, oder eigentlich tollkühn, tauchte ich die Neuerwerbung in Spiritus, und kurz darauf stand sie vor mir, das Kunststoffgehäuse matt schwarz, und davon abgesetzt, wie edler Schmuck auf dunklem Samt, allerlei Armaturen, Leitungen und Füllstücke aus blankem, fein ziseliertem Messing oder silbergrauem Weißmetall. Die kleine Antiquität war also kein kompletter Eigenbau, vielmehr hatte jemand eine schon etwas betagte und eher zum Spielen gedachte Großserienlok durch allerlei Zurüstungen und übrigens auch durch neue Räder in ein Modell nach authentischem Vorbild und zudem in ein kleines Schmuckstück verwandelt.

In der kommenden Nacht schlief ich schlecht. Es gab also Material und Möglichkeit und vielleicht auch irgendwo Anleitung, um tatsächlich Hand an die Sammelstücke zu legen. Warum hatte mir das keiner gesagt? In irgendeiner sehr, sehr fernen und zugleich schrecklich nahen Zukunft würde ich doch alle preußischen Lokomotiven, die am Markt waren, gekauft und alle einschlägigen Kleinserienmodelle der letzten Jahre zusammengesammelt haben. Und was dann? Nichts ist schrecklicher als eine Sammlung, deren Vollständigkeit sich, wenn auch noch so schemenhaft, abzeichnet. Das wurde mir, als ich so wach lag, ebenso deutlich wie (mit Blick zu der kleinen Lokomotive auf meinem Nachttisch) die Vision, daß durch solche Manipulationen die bestehenden Typen endlos abgewandelt und also meine preußischen Lokomotiv-Stammbäume bis in die kleinsten Verästelungen nachgebildet werden könnten.

Wenige Tage später lagen vor mir die Kataloge der Firmen, bei denen man tatsächlich maßstabgerechte Schornsteine und Luftpumpen, Führerhausleitern, Ventile, Lampen, Räder, Puffer und Bremsschläuche und vieles, ja sehr vieles mehr bestellen kann. Daneben zeigten sehr übersichtliche, sprich: (mich) vollkommen verwirrende Explosionszeichnungen, wie man nach Abtrennung aller ans Gehäuse angespritzten Griffstangen und Armaturen aus den dergestalt zugerichteten Restmodellen die verschiedenen Kostbarkeiten herstellen kann. Ein besonders hightechnisch gestalteter Katalog präsentierte die samtweich laufenden Austauschmotoren. Und obwohl die mit soviel Aufwand umgerüsteten Kostbarkeiten eigentlich keinen harten Einsatz auf

119

einer Anlage mehr vertrugen und eher für die Vitrine gedacht waren, schien es doch eine Ehrensache zu sein, sie mit der bestmöglichen Antriebstechnik auszustatten.

Alles in allem ein sehr verlockendes Angebot. Doch ziemlich bald wurde mir klar, daß es zwei winzigkleine Haken hatte. Der erste: Ich würde wieder unter die Bastler gehen. Und als Bastler hatte ich doch reichlich Niederlagen eingesteckt! Wollte ich davon etwa noch mehr? – Natürlich nicht. Aber, sagte ich mir, eine kleine Lokomotive umzubauen ist ja gar keine Bastelei (auch wenn mancher es so nennen wird). Und ein Blättern in den Bauanleitungen bestätigte mir: das ist vielmehr grundehrliches, präzises Handwerk. Hier geht es nicht um Ausdruckskraft, sondern um technische Richtigkeit, nicht um ästhetischen Schein, sondern um einwandfreie Funktion. Also – keine Sorge.

Der zweite Haken war: Ich würde wohl einiges von meinem bislang so sorgsam kultivierten Dilettantismus in Sachen Dampflok-Technik aufgeben müssen. Denn wenn ich wirklich daran gehen wollte, zweistufige gegen einstufige Luftpumpen (Bauart Westinghouse) auszutauschen oder Speisewasservorwärmer abzubauen oder eine Dampfpfeife durch ein Läutewerk (Bauart Latowski) zu ersetzen, dann würde es wohl unabdingbar sein, die Funktion dieser Geräte beim Vorbild wenigstens einigermaßen zu verstehen. Doch andererseits, wenn es als Gegenleistung für diese Aufgabe von Naivität unter anderem noch mehr preußische Tenderlokomotiven in ihren kargen Ursprungsausführungen geben würde – wer dürfte da zögern! Freudig füllte ich die ersten

Bestellzettel aus; und um wertvolle Zeit zu sparen, faxte ich sie an die Hersteller.

Einen Monat später hatte ich das erste Lehrgeld bezahlt. Vor mir lag das gründlich und endgültig ruinierte Modell einer kleinen Rangierlok. Noch einmal hatte ich mir eine große Niederlage bereitet. Schon beim Abtrennen der Leitungen und Armaturen hatte ich mit meinen viel zu stumpfen Messern ein paar böse Kerben in den Kessel geschnitten; durch einen falschen Klebstoff war es an einigen Stellen zu einer merkwürdig organisch wirkenden Blasenbildung auf dem Kunststoff gekommen; einige Löcher hatten erst beim dritten Versuch an der richtigen Stelle gesessen; und schließlich hatte die Pinsellackierung dem Ganzen ein sehr unerfreulich an Bauernmalerei erinnerndes Aussehen gegeben. Doch am schlimmsten war: beim (laut Gebrauchsanweisung kinderleichten!) Motortausch und bei der Wiedermontage der feinen Steuerungsteile hatte ich so oft gepatzt, daß jetzt die feinen Bohrungen in den Rädern ausgeweitet und die Treibstangen verbogen waren. Überdies saß der neue Motor nicht ganz gerade, die Schnecke auf der Antriebswelle griff etwas schräg ins Zahnrad auf der Antriebsachse; und statt zu fahren, torkelte mein Schmuckstück bestenfalls jämmerlich ein paar Zentimeter über die Teststrecke, bis es als Folge des Zusammenwirkens all seiner Schiefheiten einfach umfiel.

Dennoch sind mir die folgenden Wochen in guter Erinnerung. Denn sie lehrten mich etwas, das weit über jede kleine Leidenschaft hinaus von Bedeutung ist, etwas, das ich vielleicht immer schon geahnt, doch nie-

mals so deutlich erlebt hatte: Handwerkliche Probleme sind lösbar! Ein schlichter Satz, ich weiß. Doch bislang war meine Leidenschaft für die Modellbahn ja nie aus bloß technischen Gründen in ihre verschiedenen Krisen geraten, sondern vielmehr weil mir das Machbare – das manchmal sogar allzu Machbare! – nicht zugesagt hatte. Eine kompakte Plattenanlage und eine unendliche Modulanlage und eine Wohnzimmer-Gartenbahn hätte ich haben können, wenn ich wirklich gewollt hätte. Aber ich wollte sie nicht wirklich. Nun jedoch *wollte* ich etwas: Ich wollte meine Lieblingslokomotiven als Modelle in höchstmöglicher technischer Verfeinerung. Und zwischen mir und dem Ziel meiner Leidenschaft stand endlich, endlich einmal nicht mehr ästhetischer oder weltanschaulicher Skrupel, sondern – welche Erleichterung – nur noch meine handwerkliche Unfähigkeit!

Schön, etwas so Schlichtes erfahren zu dürfen. Wobei es, mir zumindest, sehr verständlich ist, daß eine so schlichte Erfahrung sich gerade bei der Beschäftigung mit der Dampflok einstellte, denn die ist ja selbst, wenn sie auch in der Wirklichkeit untergegangen ist, noch immer lebendig als ein Symbol der Versöhnung mit der Technik.

Wie es nun weiterging? Tatsächlich folgte auf das erste Desaster eine wunderbare Gelingensgeschichte. Doch von der will ich nicht allzu lange berichten, Sie erinnern sich ja, ich bezweifle nun einmal, ob man aus fremdem Gelingen wirklich etwas erfahren kann (und übrigens auch, ob man Gefallen an seiner Schilderung findet). Nur soviel vielleicht noch: An einem Messestand in Köln zeigte mir eine freundliche Frau ganz genau, wie man mit einem kleinen Flammlöter Messingteile aneinanderlötet; eine befreundete Grafikerin gab mir einen Nachmittag lang Unterricht in der Bedienung einer kleinen Farbspritzpistole und überließ mir anschließend dankenswerterweise ihre teure Ausrüstung; in den Zeitschriften las ich nun sorgfältig die Bau- und Umbauberichte, die ich bislang überblättert hatte. Und so wurde es. Demnächst werde ich übrigens das erste Modell angehen, das komplett aus einem Bausatz gefertigt wird. Eine preußische T 4, etwa 250 Teile, darunter zwölf verschiedene Arten von Schrauben, die kleinste so groß, daß sie niemals zu Boden fallen darf. Drücken Sie mir die Daumen! –

Ach ja. Eines sollte ich vielleicht noch sagen. Ich erwähnte eben meine Teststrecke. Und es stimmt, ich besitze mittlerweile wieder einen elektrischen Schienenstrang. Aber er mißt wirklich nur knapp anderthalb Meter, er führt schnurgeradeaus von einem Schaumstoffblöckchen zum anderen; und er dient ausschließlich als Versuchsstrecke, um Neu- oder Umbauten zu testen, und um dem übrigen Bestand gelegentlich ein wenig Bewegung zu verschaffen. Landschaft kommt nicht in Frage. Und die Anlage bleibt tabu.

Vorerst jedenfalls.

Schluß und Ausblick

Gut, daß Sie kommen. Ich bin nämlich soweit.

Fertig?

Ich sage einmal: Es ist der Stand der Dinge.

Dann haben Sie aber eingangs ziemlich übertrieben.

Inwiefern?

Insofern Sie von einer Scheiternsgeschichte sprachen. So übel ist es Ihnen doch gar nicht ergangen. Mit nur etwas gutem Willen könnte man es sogar ein klassisches Happy End nennen.

Das sagen Sie. Aber ist nicht der, der sich lauthals glücklich schätzt, meist dem Abgrund am nächsten?

Sie stilisieren. Es geht nicht überall zu wie in Romanen. Und ich fürchte, Sie sind doch etwas verliebter ins Scheitern, als Sie es am Anfang zugeben wollten.

Bin ich nicht. Vielleicht darf ich Ihnen noch ein kleines Erlebnis schildern? Es liegt nicht allzu lange zurück.

Ich höre.

Also. Ich gehe eines Abends hinauf in die Werkstatt, habe aber nicht die rechte Lust oder bin vielleicht zu müde, um mich daran zu machen, die rot-schwarz-roten Zierlinien auf den vor drei Tagen lackierten Tender zu kleben. Doch ins Bett will ich auch noch nicht, und so finde ich mich unversehens dabei, wie ich die Farbmischtöpfchen reinige, die Werkzeuge ordne und schließlich ein kleines Brettchen so präpariere, daß ich alle meine Miniaturbohreinsätze nach Zehntelmillimeter-Durchmesser geordnet darin aufstellen kann. Und bevor ich endlich zu Bett gehe, baue ich eine kleine Halterung, durch die das Luftkabel vom Kompressor zur Spritzpistole laufen kann, ohne irgendwo zu knicken.

Ich verstehe kein Wort!

Gut, dann noch eine andere Geschichte. Von einer der letzten Börsen habe ich keine Lokomotive mitgebracht, sondern: ein beleuchtetes Vergrößerungsglas am Teleskoparm, zwei sehr dünne Feilen und einen Satz biegsamer Skalpellklingen, die man in eine spezielle Halterung klemmen kann.

Ich glaube, ich ahne, worauf Sie hinaus wollen. Aber das wäre ja wirklich furchtbar!

Nun übertreiben Sie.

Keineswegs! Was Sie da eben schildern, ist doch der Anfang vom Ende. Sie verlieben sich in Ihr Werkzeug! Das Mittel wird zum Zweck! Das wäre ja, als wenn – also als wenn…

Bitte, ich höre.

Als wenn ein passionierter Bergsteiger sich eine Sammlung von Eispickeln zulegen würde. Oder ein Fußballer zum Lederfachmann würde. Oder ein Weinkenner Etiketten sammelte.

Na ja. Sehen Sie es doch einmal so: Die gefährliche Leidenschaft, die mich meinen Mitmenschen ständig zu entfremden droht, verwandelt sich in ein Ensemble von kleinen Fertigkeiten, mit denen ich in Haushalt und Familie glänzen kann.

Jetzt sind Sie zynisch.

Ja, ein bißchen. Es tut mir leid. – Wie spät ist es eigentlich?

Gleich halb. Wieso?

Weil jetzt die Klebstoff-Bettung des Austauschmotors abgebunden hat. Wir könnten eine kleine Jungfernfahrt machen.

Wir? Ich?

Ja, kommen Sie mit. Trauen Sie sich!

Also gut. Aber nur eine Viertelstunde!

Das werden wir sehen.

Ganz am Ende

Ganz am Ende bedanke ich mich bei allen, die der Geschichte meiner Leidenschaft für die Modelleisenbahn gefolgt sind. Ich weiß, ich habe manche von ihnen sehr verärgert, und zwar ausgerechnet: die Modellbahner. Denn was habe ich getan! Ich habe den Platten-Betreibern Idyllen-Manie attestiert; ich habe mich über die Spielbahn lustig gemacht; ich habe die Elektrolokomotive ignoriert usw. usw. Und ich werde selbst durch die ausführliche Schilderung meines Leidens an meiner Leidenschaft keinen der Betroffenen milder gestimmt haben.

Doch das nehme ich in Kauf. Denn ich sagte es ja eingangs schon: kaum werden sich zwei Menschen so notwendig mißverstehen wie die, deren Leidenschaften derselben Sache zu gelten scheinen. Vielmehr sitzt jeder Passionierte auf einer einsamen Insel; und noch die Flaschenpostbriefe über den Zustand seiner Seele, die er gelegentlich abschickt, sind in einem Dialekt verfaßt, den nur er selbst versteht.

Daher ist dieses Buch auch am ehesten für diejenigen geschrieben, die mehr oder minder bestürzt neben dem Modellbahner stehen und denen das Rätsel, was um alles in der Welt den großen Mann zu den kleinen Lokomotiven treibt, gelegentlich ein Loch in den Tag frißt. Zuallererst gehört es meiner Frau Bernadette und meinen Söhnen Caspar und Jacob. Ich hoffe, es ist mir gelungen, ihnen und anderen ein wenig aus der Flaschenpost zu übersetzen.